주식 투자로 1,000만 원에서
100억 원 만들기 플랜

주식 투자로
1,000만 원에서
100억 원 만들기
플랜

천백만(배용국) 지음

한국경제신문 *i*

들어가는 말

내 삶을 되돌아볼 때 가장 바쁘게 살았던 시기는 주식회사 유공 (현재는 SK이노베이션)의 재직 시절이었던 것 같다. 나는 '원유 트레이 딩팀' 소속이었는데, 이 팀은 산유국들과 장기계약을 맺어 원유를 조달하고, 현물 시장에서 원유를 사고팔아 국내 수요에 대응함은 물론, 트레이딩(Trading) 이익을 극대화하는 업무를 하는 부서다. 원 유 트레이딩팀의 또 하나 중요한 업무는 운임(Freight)을 트레이딩하 는 일인데, 원유를 운송할 선박을 임차하거나 또는 일시적으로 남 는 선박을 임대해주는 것이다. 이를 업계 용어로 차터링(Chartering) 이라고 하는데, 주식 시장과 마찬가지로 가격의 등락이 큰 시장이 다. 심한 경우에는 하루에도 20~30%씩 시세가 변할 만큼 변동성이 크기 때문에 항상 시장의 움직임을 주시하고 있어야 한다.

차터링 업무는 주로 런던과 뉴욕 시장을 중심으로 이뤄지므로 내가 이 업무를 담당했던 대리 시절에는 오후 3시에 출근해서 새벽에 퇴근을 했다. 출근을 하면 곧바로 일본과 중동 시장을 확인했다. 5시가 되면 노르웨이, 스웨덴, 덴마크의 북유럽 시장이 열렸고, 6시에 런던 시장이 열렸는데 이때부터 본격적인 트레이딩 업무가 시작되었다. 밤 11시가 되면 뉴욕 시장이 열렸는데, 거래를 할 때는 통상 새벽 3시~4시쯤 되어야 일이 끝나곤 했다. 이렇게 일이 늦게 끝나다 보니, 연간 수천억 원의 거래를 하면서도, 상급자들의 결재를 받을 수가 없었고, 또 시장이 급박하게 돌아갈 때에는 결재를 받을 시간도 없었다. 시장이 급변할 때는 오퍼(Offer)에 유효기간이 있다. 이를 'Validity'라고 하는데, 'Validity 5 minutes'라고 하면 5분 이내에 'Yes or No'의 답을 줘야 한다. 시장이 정말로 급변할 때는 유효기간이 'Validity prompt reply'다. 그러면 어떤 가격을 제시 받았을 때 곧바로 'Yes or No'로 대답을 해주지 않으면 그 협상은 무효가 된다. 주식 시장 같이 때를 놓치면 한 호가 높게 살 수 있는 상황이 아니고 거래가 무효가 되는 것이다. 그러다 보니 세계 시장이 어떻게 돌아가는지 항상 파악을 하고 있어야 했고, 최악의 경우 얼마까지 지불할 수 있다는 마음의 숫자를 항상 가지고 있어야 했다. 그렇지 않으면 'Validity prompt reply'와 같은 상황에 적절히 대응하기 어렵다.

　퇴근 후에도 자동응답기를 틀어놓고 잠을 잤기 때문에 한편으로는 자고 있으면서 다른 한편으로는 해외의 소식통들로부터 들어오는 정보를 무의식적으로 받아들였다. 비록 잠들어 있는 상태라고 할지라도 항상 신경이 곤두서 있어서 시장에 큰 영향을 줄 수 있는 다급한 정보라고 판단되면 새벽 4시든, 5시든 곧바로 일어나서 일을 시작했다. 시장이 급박하게 움직인다 싶을 때에는 화장실에 가고 싶어도 참으면서 2~3개의 전화통을 동시에 들고 매달렸던 기억이 있다. 이렇게 바쁘게 10여 년을 보냈다.

그 후 나는 미국과 노르웨이의 합작법인으로 뉴욕 맨해튼에 있는 AMA라는 회사로부터 잡 오퍼(Job offer)를 받아 미국행을 결심했다. 면접을 보기 위해 노르웨이까지 갔던 날이 기억에 남는데, 일요일 아침 대한항공을 타고 암스테르담으로 가서 SAS(Scandinavian Airline System)로 환승해 오슬로에 밤늦게 도착했다. 짐을 찾아 공항을 빠져나올 때 '내가 탔던 비행기가 그날의 마지막 비행기'라면서 출입문을 닫던 공항관리의 말이 생각난다. 다음 날 아침 일찍 잠에서 깨어 TV를 켜니 첫 뉴스가 '한국이 IMF의 관리에 들어갔다'는 것이었는데, 화면 속 태극기 옆에 마치 주식 시장의 상한가 표시 비슷한 화살표가 붙어 있었다. 원달러 환율이 최대 폭까지 상승했다는 의미였다. 면접 겸 점심 식사를 마치고 곧바로 비행기를 타고 프랑크푸르트로 와서 대한항공으로 갈아탔다. 그런데 커다란 보잉 747 비행기에 10여 명의 승객밖에는 없었던 사실이 굉장히 충격이었다. 그 전에도 유럽행 비행기를 여러 번 탔는데, 그때마다 만석이었다. 그런데 승무원이 승객보다 더 많은 비행기를 보니 우리나라가 IMF의 관리하에 들어갔다는 말이 실감나는 순간이었다. 어쨌든 나는 면접에 합격을 했고, 회사에 사직서를 제출했지만 미국으로 가지는 않았다. 갑자기 영화를 해야겠다는 생각이 들어 미국행을 포기하고 순식간에 영화제작자로 진로를 변경했다.

배용준과 손예진이 출연해 지금도 해외 판매 최고 기록을 가지고 있는 〈외출〉, 대종상 작품상을 비롯해 국내외에서 4개의 최우수 작품상을 수상했던 김태용 감독(지금은 영화배우 '탕웨이'의 남편)의 〈가족의 탄생〉, 아시아태평양영화제 남우주연상을 수상했던 〈사랑해, 말순 씨〉, 부산영화제 폐막작으로 현빈과 이보영이 출연했던 〈나는 행복합니다〉, 김아중과 주원이 출연한 〈캐치미〉, 독립영화지만 국내 최초로 3D로 촬영한 〈마녀의 관〉 등이 내가 제작한 영화들이다. 그 밖에 모건 프리먼(Morgan Freeman), 클라이브 오웬(Clive Owen) 주연의 〈The Last Knight〉, 애니메이션 〈Heavenly Sword〉 등 할리우드 영화에 프로듀서로 참여하기도 했다.

회사를 퇴직한 후 가끔 주식 거래를 한 적은 있었지만 제대로 몰두해서 한 적은 한 번도 없었다. 하지만 경제에 관심이 많았기 때문에 항상 경제 공부를 게을리하지 않았고, 주식 시장의 움직임도 빼먹지 않고 매일매일 확인했다. 주식 관련 뉴스도 매일 확인했고, 경제와 주식 관련 서적은 1,000권 정도는 읽은 것 같다. 안 믿을지 모르지만, 선박펀드도 내가 국내에서 처음으로 시도했다. 1997년 여름에 미국 뉴욕에 있는 '캠브리지 파트너스'를 중개 회사로 선정해 CSFB(크레딧 스위스 퍼스트 보스턴)은행과 선박펀드 작업을 진행했다. 회사가 가지고 있는 6척의 선박들을 자산으로 증권을 발행해 미국의 투자자들에게 판매하고, 회사는 그 선박들을 다시 임대하는 방식이었다. 임대료는 시장 평균을 적용하기로 해, 회사 입장에서는 시장 대비 높은 가격을 지불할 위험이 없었고, 투자자들은 소액으로 선주가 되는 효과를 거둘 수 있었다. 거의 성사 직전이었는데, 그 당시가 IMF 직전이라 한국의 신용상태가 안 좋아져서 마지막에 성사되지 못했다. 이 건은 회사의 반대에도 불구하고 팀장이었던 내가 강력하게 추진했던 건이었다. 그만큼 금융에 관심이 많았다.

2018년 가을, 카페에 앉아 영화 시나리오를 쓰다가 밖을 보니 가을비가 내리고 있었다. 아스팔트 바닥을 치고 튕겨 오르는 빗방울을 바라보는 것은 나의 오랜 취미다. 그러다가 어느덧 50대 중반인 내가 노후 준비를 너무 소홀히 했다는 걱정이 갑자기 솟아올랐고 '너무 제멋대로 살아왔나!' 하는 후회가 살짝 밀려왔다. 그래서 지금부터라도 노후를 위해 뭔가를 해야겠다는 결심을 하게 되었다. 가장 좋은 방법이 무엇일까를 고민하다가 회사 재직 시절의 트레이딩 경험을 살려 주식 매매를 해야겠다는 생각이 샘물처럼 흘러 넘쳤다. 무라카미 하루키(むらかみはるき)가 진구구장에서 야구를 관람하다가 갑자기 소설을 써야겠다는 생각이 들었다고 하는데, 그도 나와 비슷한 느낌이었을까 하는 생각에 혼자서 킥킥거렸다. 원유 매매와 주식 매매는 다르지만, 사고판다는 본질은 다 같다. 매매를 잘 하기 위한 필요조건은 그 분야에 대한 '지식'이다. 사람들은 트레이딩 기법이 중요하다고 생각할지 모르지만, 나는 해당 분야를 얼마나 깊고 넓게 이해하느냐가 성공을 위한 첫째 조건이라고 생각한다. 지식이 있다고 성공하는 것은 아니지만, 지식이 없으면 성공하기 어렵다는 것이다. 예를 들어, 5G에 관심이 있는 투자자들은, 5G와 관련된 서적(주식 관련 서적 말고)을 2~3권만 읽어보면, 5G에 대한 윤곽이 머리에 들어오고,

그러면 5G 관련 분야 중에서 어떤 분야가 성장성이 좋고, 어떤 분야는 피해야 한다는 것을 직접 피부로 느낄 수 있다. 다행히 나는 많이 읽고 열심히 공부하는 데는 자신이 있었으므로, 일단 주식 매매를 할 수 있는 기본은 되었다고 생각했다.

《주식 투자로 1,000만 원에서 100억 원 만들기 플랜》이라는 제목을 본 독자들은 '당신은 100억 원을 벌었냐?'고 물어볼 것이다. 물론 아직은 아니다. 그래서 제목에 '플랜'이란 말을 넣었다. 하지만 원칙 없이 충동적으로 사고팔아서는 백전백패라는 것은 알고 있다. 주식 투자로 성공하기 위해서는 올바른 원칙이 있어야 하고, 그 원칙을 잘 지켜야 목표를 이룰 수 있다. 그런 관점에서, '100억 원을 벌 수 있는 원칙이 무엇일까?'라는 명제를 오랫동안 고민하다 나름 올바르다고 생각되는 원칙을 확립하게 되었고, 이 원칙에 입각해 2019년 1월 초부터 주식 거래를 시작했다. 2019년 코스피 지수가 2,041.04로 시작해 2,197.67로 끝나 7.7% 상승했고, 코스닥 지수는 2019년 675.65로 출발해 669.83으로 끝나서 0.9% 하락했다. 즉, 큰 상승이나 하락 없이 보합수준을 유지했다. 하지만 바이오를 비롯한 개별 종목들은 많이 하락해 특히 개인 투자자들에게 힘든 장이었다. 그럼에도 불구하고 나는 2019년에 원금 대비 76%의 수익을 기록한 사실에 만족한다. 2020년에도 이 글을 쓰는 현재까지 전년 대비 83%의 수익률을 기록 중이어서 금년의 목표는 이미 달성한 상태다. 본문을 읽어보면 알겠지만 투자 원칙에 의거해, 코로나19 때문에 주식 시장이 폭락했던 2~3월에도 주식을 한 주도 팔지 않고 그대로 버티면서 얻어낸 결과다. 앞으로 남은 기간 동안 큰 하락만 없으면 올해의 목표도 무난하게 달성하게 된다. 그리고 금년 중에 '천백만TV'라는 유튜브 채널을 개설해서 1,000만 원으로 100억 원을 만들어가기 위한 포트폴리오를 운영하는 나의 모습을 보여줄 계획이다. 이 채널의 목표는 당연히 1,000만 원으로 20년 후에 100억 원을 만드는 것이다.

기간	코스피 지수	코스닥 지수	계좌 수익률
2019년	7.70%	−0.90%	76%
2020년 현재까지	5.20%	26.49%	83%

자료 0-1. 2019년과 2020년 수익률

나는 내가 세운 원칙을 잘 지키면, 궁극적으로 목표를 이룰 수 있다고 믿고 있다. 이 원칙을 여러분들과 함께 공유하고자 한다.

마지막으로, 책 중간중간에 구체적 종목에 대해 기술한 부분들이 있다. 이는 주식에 대한 나의 철학, 종목을 선정하는 나의 방법 등을 설명하는 과정에서 나온 것이지 매수나 매도 추천이 아님을 미리 알려드린다.

천백만(배용국)

1장

목표는 높게,
원칙은 칼같이!

불가능하다고 생각되는
목표를 세워라

    1,000만 원을 종잣돈으로 해서 20년 후에 100억 원을 만드는 것이 나의 목표다. 이를 위해서는 매년 41.26%의 수익을 복리로 올리면 가능하다. 이러한 목표가 현실적으로 불가능하다고 생각할지 모르지만, 나는 올바른 원칙을 세워서 실천하면 가능하다고 믿고 있다.

(단위 : 원)

년(Year)	수익	수익률	합계
0			10,000,000
1	4,126,000	41.26%	14,160,000
2	5,828,388	41.26%	19,954,388
3	8,233,180	41.26%	28,187,568
4	11,630,191	41.26%	39,817,758
5	16,428,807	41.26%	56,246,566
6	23,207,333	41.26%	79,453,899
7	32,782,679	41.26%	112,236,577
8	46,308,812	41.26%	158,545,389

(단위 : 원)

년(Year)	수익	수익률	합계
9	65,415,827	41.26%	223,961,216
10	92,406,398	41.26%	316,367,614
11	130,533,278	41.26%	446,900,892
12	184,391,308	41.26%	631,292,199
13	260,471,161	41.26%	891,763,361
14	367,941,563	41.26%	1,259,704,924
15	519,754,251	41.26%	1,779,459,175
16	734,204,856	41.26%	2,513,664,031
17	1,037,137,779	41.26%	3,550,801,810
18	1,465,060,827	41.26%	5,015,862,636
19	2,069,544,924	41.26%	7,085,407,560
20	2,923,439,159	41.26%	10,008,846,720

자료 1-1. 연간 목표 수익률

연간 수익률 40%가 목표라고 하면, 비현실적이 아니냐는 분들도 많을 것이다. 물론 쉽지 않은 수익률이고, 더구나 20년간 꾸준히 40%의 실적을 내는 것은 더욱 어렵다. 하지만 목표를 낮게 잡고 이를 이루는 것보다는 목표를 높게 잡고 이루지 못하는 것이 훨씬 이익이다. 이는 SK그룹의 실질적 창업자인 최종현 회장의 가르침이다. 최 회장은 목표를 세울 때 최선을 다해 열심히 일하면 도달할 수 있는 목표를 세우지 말고, 아무리 최선을 다해도 도달하기 어려운 불가능한 목표를 세우고 그 목표를 이루기 위해 최선을 다하라고 독려했다. 높은 목표를 이루기 위해 정진하다 보면 도달할 수 있는 쉬운 목표를 훨씬 능가하는 좋은 성과를 낸다는 것이었다.

SK그룹에서는 각 사별로 또는 부서별로 인간의 능력으로 도달할 수 있는 최고 수준의 목표를 설정하는데, 이를 슈펙스(Supex)라고 부른다. 슈펙스는 'Super excellent'를 줄인 말인데, 목표를 세울 때 최선을 다해 열심히 일하면 도달할 수 있는 목표를 세우지 말고, 아무리 최선을 다해 열심히 해도 도달하기 불가능한 목표를 세우라는 것이다. 그렇게 하면 높은 목표가 '앵커(Anchor)'로 작용해 쉬운 목표를 세웠을 때보다 더 높은 성과를 얻을 수 있다는 것이다. 이는 심리학자로는 최초로 노벨 경제학상을 수상한 '행동 경제학'의 대가인 대니얼 카너먼(Daniel Kahneman)과 아모스 트버스키(Amos Tversky)에 의해서 증명된 이론이다. 카너먼과 트버스키에 의하면 앵커를 내린 곳에 배가 머물 듯, 처음 입력된 정보가 정신적인 앵커로 작용해 향후에도 계속 영향을 미친다는 것이다.

그렇다고 매년 40%가 불가능한 목표라고는 생각하지 않는다. 우리는 자금의 규모가 크지 않기 때문에 매매 원칙을 잘 세우고 그 원칙을 잘 지키면 가능하다고 생각한다. 잘 드러나지 않아서 그렇지, 사실 주식으로 연간 40%의 수익률을 꾸준히 내는 투자자들은 많다.

투자금 4,000만 원으로 90억 원을 만든 실제 사례를 책에서 읽은 적이 있다.[1] 이분은 4,000만 원으로 A라는 종목에 투자했는데, 2

---

1. 최병운(2019). 《실패 없는 1등주 실전 주식 투자》. 서울 : 매일경제신문사.

년 만에 10배가 되어서 투자금이 4억 원으로 불어났다. 그 후 마땅한 종목을 찾지 못해 단기로 2종목에 투자했는데, 6개월 만에 8억 원대로 투자금이 불어났다. 그 후 8억 원을 B라는 종목에 올인했는데, 이 종목이 5배 상승해 40억 원이 되었다. 이분은 원래 집도 없이 월세를 살던 분이었는데 이때까지는 번 돈을 다른 데 쓰지 않고 오로지 주식에 재투자해 돈을 불려 나갔다고 한다. 투자금이 40억 원이 된 후에야 비로소 집도 사고 기타 생활비로 쓰라고 부인에게 20억 원을 줬다고 한다. 그리고 남은 20억 원을 다시 올인 투자해 2년 만에 3.5배의 수익을 내고 팔았다. 그래서 현금 70억 원을 손에 쥐게 되었다고 한다.

이분의 투자법은 ① 큰 시세가 가능한 종목을 발굴해 올인, ② 목표가에 도달할 때까지 장기 투자, ③ 월세를 살면서도 투자금을 허투루 쓰지 않고 주식에 올인해 복리의 개념을 실천했다는 것으로 요약할 수 있다. 4,000만 원을 90억 원으로 불린다는 것이 불가능한 것처럼 보일지 모르지만, '복리의 마법'이 있기에 가능하다. 워런 버핏(Warren Buffett)도 "복리는 언덕에서 눈덩이(Snowball)를 굴리는 것과 같다. 작은 덩어리로 시작해서 눈덩이를 굴리다 보면 끝에 가서는 정말 큰 눈덩이가 된다"라고 하면서 작은 돈이 큰돈으로 불어나는 것을 '눈 굴리기 효과(Snowball effect)'라고 했다.

복리가 얼마나 큰 힘을 발휘하는지는 '코로나19 바이러스'를 보면 알 수 있다. 뉴스자료를 보니 2020년 6월 29일에 코로나 바이러스 감염자가 세계적으로 1,000만 명을 넘어섰다.

자료 1-2. 코로나바이러스감염증 발생 현황

코로나 바이러스는 2019년 12월 어느 날, 중국 우한 지방에서 1명으로부터 시작되었는데, 7개월 만에 1,000만 명으로 늘어났다. 복리를 계산하는 공식은 다음과 같다.

$$A=a(1+r)^n$$

(a : 원금, r : 이율, n : 기간)

처음 1명에서 시작했으므로, a=1이다. 그리고 1명이 2명이 되고, 2명이 4명이 되므로 r=1이다. 이를 계산하면 대략 n=23.25다. 약 23단계를 건너뛰자 무려 1,000만 배가 늘어난 것이다. 이것이 복리의 마법이다. 명심하자.

소액 투자라도
괜찮다

목표를 이루기 위해 지켜야 할 원칙들을 정리해보면 다음과 같다.

첫째, 오로지 입금만 한다.

1,000만 원이 큰돈이기는 하지만 주식 투자를 하는 사람들에게는 그리 큰 금액은 아니다. 이것이 내가 1,000만 원으로 주식 투자를 시작하는 이유다. 주식 투자로 큰 금액을 벌어들이기 위해서는 반드시 복리효과를 이용해야 가능하고, 복리효과를 이용하려면 투자한 종잣돈은 계좌에 그대로 놔두는 것이 중요하다. 그런데 만약 처음부터 큰돈을 주식에 투자한다면 없는 셈 치고 장기간 주식 계좌에 넣어두기가 어려울 것이다. 다시 말씀 드리자면, 주식으로 큰돈을 벌기 위한 첫 번째 단계는 일단 주식 계좌에 넣은 돈은 없는 셈 치고 인출하지 않는 것이다.

만약 투자금이 불어나서 1억 원이 넘어간다면, 비로소 처음에 투자했던 종잣돈 1,000만 원을 인출해도 괜찮을 것이다. 이렇게 되면 어차피 초기 투자금은 회수했으므로 투자를 하는 데 따르는 부담감을 줄일 수 있을 것이다.

사회생활을 시작하시는 분들은 일단 예·적금을 통해 돈을 모으고, 1,000만 원이 모인다면 곧바로 주식 투자를 시작하자. 그리고 없는 돈이라 생각하고 인출하지 말자.

둘째, 소액이어도 괜찮다.

5만 원이든, 10만 원이든 여윳돈이 생길 때마다 불요불급(不要不急)한 곳에 사용하지 않고 주식 계좌에 넣는다면 목표를 이루는 데 도움이 될 것이다. 방송이나 유튜브에서 활발히 활동하고 주식 관련 책도 여러 권 집필한 메리츠자산운용 존리 대표가 항상 하는 말이 커피 마실 것 안 마시고, 택시 탈 것 버스 타서 1만 원이라도 생기면 주식을 사라는 것인데, 이 말과 일맥상통한다고 할 수 있다. 과거 HTS가 활성화되지 않았을 때에는 주식 계좌에 입금하기 위해 증권사를 방문하거나 또는 은행에서 증권사 계좌로 이체를 해야 하는 등 번거로웠다. 그리고 주식 매수도 증권사에 전화를 걸어 영업사원을 통해 주문을 했다. 이럴 경우에는 2~3주를 주문하는 것을 낯 뜨겁게 생각할 수도 있겠지만, 요즘은 모두 비대면으로 이뤄지므로 소액을 자주 입금하고 자주 매수하는 것에 걸림돌은 없다. 나도 1,000만 원으로 시작을 했지만, 그 후에 꾸준히 소액을 더하다 보니 어느새 원금이 많이 불어난 상태다.

우리는 20년 후에 1,000배를 목표로 하고 있다. 소비를 할 때는 그 돈이 1,000배로 불어난다는 것을 항상 염두에 두자. 그러면 무심코 써 버릴 돈도 한 번 더 생각하게 된다. 만약 오늘 커피 한잔을 덜 마시면, 20년 후에는 500만 원이 되는 것이고, 티셔츠 하나를 덜 사면 5,000만 원이 되는 것이다. 버핏은 젊은 시절 미래의 아내에게 약혼반지를 사줄 때를 회상하며, 이때 자신의 순자산 중 6%를 소비함으로써 미래가치로 측정하면 수백만 달러를 지출한 것이라고 농담을 한 적이 있다고 한다.《주식을 사려면 마트에 가라》의 저자 크리스 카밀로(Chris Camillo)는 겨우 수백 달러를 아끼려고 고화질 TV를 가격이 좀 더 하락할 때까지 기다리는 것이 내키지 않았지만, 막상 그 수백 달러를 투자해서 벌어들일 돈을 생각하니 TV 구매를 미룰 수밖에 없었다고 한다. 그래서 1년 동안 TV 구매를 미뤘고, 2,000달러의 TV가 1,600달러로 떨어진 후에 67인치 삼성 고화질 TV를 샀다고 한다. 그래서 절약한 400달러는 당연히 주식 계좌로 입금되었고, 아마도 지금은 4만 달러 정도로 불어났을 것이다.

나는 자동차가 없다. 서울에서는 대중교통이 잘 되어 있어서 굳이 자동차가 필요 없기 때문이다. 자동차가 꼭 필요하다면 '소카'를 이용해서 필요한 날에만 잠시 빌리면 된다. 대중교통을 이용하다 보니 주차 걱정도 없고 혹시라도 생길 수 있는 교통사고에서도 자유롭다. 과거 자동차를 3대나 동시에 가지고 있었던 시절이 후회스럽다. 만약 5,000만 원짜리 자동차 대신에 대중교통을 이용한다면 20년 후에 500억 원이 되어 있을지도 모르는 일이다. 오늘 사용하는 돈이 20년 후에 1,000배로 불어난다는 것을 염두에 두고 소비를 해야 한다. 불요불급한 것은 줄여야 한다는 점을 새삼 실감할 것이다.

분산 투자보다
집중 투자

　분산 투자보다는 집중 투자를 해야 한다. 그것도 한 종목에 집중 투자를 해야 한다. "달걀은 한 바구니에 담지 말라"는 제임스 토빈 (James Tobin) 예일대 교수의 격언 이후로 분산 투자는 주식 투자의 정석으로 받아들여진다. 방송이나 책을 봐도 우리나라 주식 전문가들은 이구동성으로 계란을 한 바구니에 담지 말고 분산 투자를 하라고 한다. 계란을 한 바구니에 담았는데, 만약 그 바구니에 커다란 구멍이라도 생기면 계란이 전부 다 깨진다는 것이다.

　그렇다면, 대가들이 모두 분산 투자를 했을까? 그렇지 않다. 집중 투자를 통해 돈을 번 대가들이 더 많다. 데이비드 리카도 (David Ricardo)에 이어 돈을 가장 많이 번 경제학자로 알려진 케인스 (Keynes)는 어떤가? 케인스는 마켓 타이밍(Market timing)[2] 위주의 주식

---

2. 주식 시장의 상승과 하락을 예측해 높은 수익을 얻으려는 투자 행위

투자를 하다가 파산한 후 깨달은 것이 있어, 핵심 소수 종목에 집중 투자해서 장기간 보유하는 전략으로 전환했다. 그 결과는 물론 성공이었다. 케인스는 잘 아는 주식에 집중 투자하는 대신 안전성 때문에 여러 종목으로 분산 투자하는 것은 굉장히 웃긴 투자 전략이라고 비꼬았다. 필립 피셔(Philip Fisher)와 버핏도 집중 투자를 강조했다. 버핏은 "위험이 아주 작고 이익 창출 가능성이 가장 큰, 자신이 가장 잘 아는 종목에 집중 투자를 해야 한다"고 집중 투자의 필요성을 강조했다. 1991년 버핏은 "함께 살고 있는 아내가 40명이라고 생각해보자. 그들 중 어느 누구에 대해서도 제대로 알지 못할 것이다"라고 말했고, 1996년에는 "분산 투자는 무지에 대한 보호책일 뿐이다"라고 말했다.

내가 왜 분산 투자가 아닌 집중 투자를 해야 한다고 말하는지, 이에 대해 두 가지 면에서 설명해보겠다. 나는 주식 투자로 연간 약 40%의 수익을 올리는 것이 목표다. 만약 1종목을 산다면 그 종목이 40%가 오르면 된다. 하지만 만약 2종목을 산다면, 2종목이 모두 40%가 올라야 한다. 이는 1종목이 40% 오르는 것보다 훨씬 어려운 일이다. 만약 2종목 중 1종목이 10%가 오른다면, 나머지 1종목은 70%가 올라야 한다. 만약 3종목을 산다면, 3종목이 모두 40%가 올라야 하는데 이것은 더욱더 어렵다. 만약 3종목 중 2종목이 10%씩 올랐다면, 남은 1종목이 100%가 올라야 한다. 종목이 많아질수록 수익률 높이기가 더욱 어려워진다.

그리고 지금까지의 경험상 내가 나름대로 뽑은 최선호주의 수익률이 차선호주의 수익률보다 항상 높았다. 3종목을 사더라도 사람마다 생각하는 주력 종목이 있다. 예를 들면, 내가 삼성전자, SK 텔레콤, 현대차의 3종목을 샀다고 할지라도, 마음속에서는 가장 선호하는 종목이 있다. 그런데, 위험(Risk)을 분산하기 위해 차선의 종목과 차차선의 종목까지도 함께 사서 3종목을 만든다. 이런 경우 내 경험에 비춰볼 때 최선호주의 수익률은 차선호주나 차차선호주의 수익률보다 항상 높다. 삼성전자가 나의 최선호 종목인데, 포트폴리오를 맞추기 위해 SK텔레콤과 현대차도 같이 샀다면, 통상적으로는

종목명	비중	수익률
A(최선호주)	100%	40%
계	100%	40%

자료 1-3. 한 종목으로 수익률 40%를 내는 경우

종목명	비중	수익률
A(최선호주)	50%	70%
B	50%	10%
계	100%	40%

자료 1-4. 두 종목으로 수익률 40%를 내는 경우

종목명	비중	수익률
A(최선호주)	34%	100%
B	33%	10%
C	33%	10%
계	100%	40%

자료 1-5. 세 종목으로 수익률40%를 내는 경우

최선호주인 삼성전자가 SK텔레콤이나 현대차보다 수익률이 높다는 것이다.

결론적으로, 연간 40%의 목표수익률을 달성하기 위한 가장 좋은 방법은 가장 자신 있는 한 종목으로 승부를 보는 것이다. 그래서 나는 한 종목에 올인해서 승부를 보는 것을 추천한다. 만약 삼성전자가 가장 좋아 보였다면, 그냥 삼성전자를 100% 담는 것이다. 어떤 분들은 계좌에 15~20종목씩 편입한 분들도 계신데, 이런 분들은 차라리 펀드 투자나 ETF투자가 좋다.

그렇지만 주식 투자를 하는 사람의 성향에 따라서 약간의 타협은 가능하다. 만약 자신의 성향상 주식을 산 후 묵혀두는 것이 가능하다면 그냥 한 종목에 올인하면 된다. 하지만 반대로 자꾸 매매를 하고 싶어 안달하는 성향을 가진 사람들도 있다. 이런 사람들은 1종목을 사서 장기간 묵혀 두는 것이 힘들다. 이런 부류는 자신이 선택한 최선호주 종목에 80%의 비중을 실어 매수하고, 나머지 20%의 자금으로 중기 매매를 한다. 가능하면 80% 최선호주와 20% 중기 매매 주식은 계좌를 달리하면 좋다. 즉, 2개의 증권계좌를 가지는 것이다. 20%의 비중으로 투자를 하는 종목도 당연히 신중하게 선택해야 하며, 절대로 테마주나 실적이 뒷받침되지 않는데 일시적으로 오르는 종목을 사서는 안 된다.

예를 들면, 대선 관련 주와 같은 테마주는 손대지 말아야 한다. 'A라는 회사의 대표이사가 대선주자와 대학교 동창이라더라' 하는 루머의 테마주는 손대지 말아야 한다는 의미다. 반면, 실적이 뒷받침 되는 테마주는 매매를 해도 상관없다. MLCC 관련 테마로 삼성전기나 대주전자재료, 삼화콘덴서, 코스모신소재 등이 있다. 이런 테마로 엮이는 것은 관계없다. 왜냐하면 이는 실적에 기반을 둔 테마이기 때문이다. 5G시대가 되면 4G시대에 비해 스마트폰에 MLCC가 25% 더 소요되고, 폴더블폰은 화면이 2개이므로 통상의 스마트폰에 비해 2배의 MLCC가 소요되고, 그리고 전기차는 내연기관차에 비해 MLCC가 5배가 더 필요하고, 자율주행차는 7배가 더 필요하다. 성장성과 실적에 대한 기대감으로 MLCC 관련 테마주들이 움직이는 것이므로 이런 테마는 매매를 해도 관계없다.

또는 코로나19가 한창일 때 씨젠 같은 진단키트 회사들이 관련 테마로 크게 상승을 했는데, 이것도 실적이 동반되는 테마이므로 거래를 해도 좋다. 단, 회사가치 대비 고평가된 상태에서는 매매를 해서는 안 되고, 최선호주가 아니면 20% 이내에서 매매를 해야 한다. 만약 20%의 차선호주가 80%의 최선호주보다 더 상승해서 차선호주의 비중이 30%로 올라간다면, 이 중에서 10%를 적당한 시기에 팔아서 최선호주로 바꿔 타야 한다. 항상 80% 이상은 본인의 최선호 승부주에 올인해야 한다. 물론 최선호주에 100% 올인하는 것이 가장 좋은 방법임은 앞에서 설명했다.

만약 계좌 금액이 꾸준히 불어나서 일정 금액을 넘어선다면 투자 종목을 늘릴 수 있다. 그 기준 금액은 각자가 정하면 되는데, 나는 개인적으로는 5억 원 정도가 적당하다고 생각한다. 만약 계좌잔고가 5억 원을 넘어간다면 최선호 종목을 2종목으로 늘리고, 계좌

잔고가 10억 원을 넘어간다면 3종목으로 늘리는 식이다. 만약 금액과 관계없이 계속 1종목에 올인하고 싶다면, 그 종목은 우리나라 대표 그룹의 탄탄한 계열사여야 한다. 하지만 아무리 금액이 많아져도 최선호 종목이 5개를 넘어서면 안 된다. 5개가 최대다.

버크셔 해서웨이의 2020년 3월 포트폴리오를 보면, 애플 35.51%, 뱅크 오브 아메리카 11.18%, 코카콜라 10.08%, 아메리칸 익스프레스 7.39%, 웰스 파고 은행 5.28%로 5종목의 비중이 65.4%다. 수백 조 원을 투자하는 버크셔 해서웨이도 5종목에만 무려 70%를 투자했다. 실제로 버핏은 투자 종목은 5개 정도가 적당하다고 했는데, 여기서 5종목이라 함은 자금의 규모가 일정수준 이상인 투자자를 의미하는 것이기 때문에, 우리 같은 소액 투자자는 종목 수를 더 줄여야 한다. 괜히 눈에 들어온다고 충동적으로 이 종목, 저 종목을 매수해서는 안 된다. 버핏은 분산 투자를 할 바에는 그 돈을 개나 갖다주라고 하면서 "능력 없는 펀드 매니저들이나 책임 회피형 운용사들이 흔하게 강조하는 것이 분산 투자다"라는 말을 했는데, 그 의미를 되새겨 볼 필요가 있다.

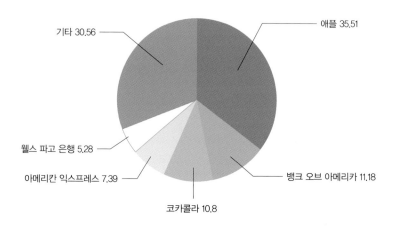

기타 30.56

애플 35.51

웰스 파고 은행 5.28

아메리칸 익스프레스 7.39

코카콜라 10.8

뱅크 오브 아메리카 11.18

Company(links to holding history)	Ticker	Value On 2020-03-31	No of Shares	% of portfolio
Apple INC (COM)	AAPL	62,340,609,000	245,155,566	35.51%
Bank AMER CORP (COM)	BAC	19,637,932,000	925,008,600	11.18%
COCA COLA CO (COM)	KO	17,700,001,000	400,000,000	10.08%
AMERICAN EXPRESS CO (COM)	AXP	12,979,391,000	151,610,700	7.39%
WELLS FARGO & CO NEW (COM)	WFC	9,276,210,000	323,212,918	5.28%

자료 1-6. 2020년 3월 버크셔 해서웨이의 포트폴리오

출처 : http://warrenbuffetstockportfolio.com

최선호주를
지키는 방법

이유 없는 매도는 없다.

본인이 승부주로 선택한 최선호 주식은 오르든, 내리든 상관없이 돈이 생길 때마다 꾸준히 사서 모아야 한다. 설사 그 주식이 떨어진다고 할지라도, 본인이 그 주식을 어떤 이유에서든 잘못 선택했다는 명확한 판단이 섰거나, 아니면 그 회사에 커다란 문제가 생겨 본질가치가 하락하기 전까지는 매도를 하면 안 되고, 계속 사서 모으는 장기 투자를 해야 한다. 사람들은 주식이 떨어지면 한없이 떨어질 것 같아 겁나서 매수를 못하는 경우가 많은데, 떨어지더라도 돈이 생기면 기계적으로 사는 훈련이 필요하다.

내가 가장 이해하지 못하는 말 중 하나가 '손절매'다. 어떤 회사를 분석해본 결과 저평가되었다고 판단되어 주식을 샀는데, 그 가격보다 더 떨어졌으면 더욱 저평가된 것인데 왜 '손절매'를 하라는 것인지 이해가 안 된다는 것이다. 한편으로는 주식이 떨어지면 손절매를 하라고 하면서 다른 한편으로는 주식은 추격매수를 하지 말고 떨어질 때 사라고 한다. 논리적 모순이라고 생각한다. 이러한 주식은 떨어질 때마다 꾸준히 사 모으면 나중에 큰 수익을 안겨준다. 손절매를 한 후 바꿔 타는 주식은 대부분 일정 수준 이상 상승한 종목이다. 그러므로 새로 매수한 주식은 떨어질 확률도 높다. 그러면 또 손절매를 해야 한다. 이렇게 손절매를 3번만 잘못하면 원금은 50% 이하로 떨어진다. 그렇게 되면 복구가 힘들어진다. 여기서 내가 '손절매'를 하면 안 된다고 하는 주식은 벤저민 그레이엄(Benjamin Graham)이 말한 투자의 정의에 부합하는 주식을 말한다. 즉, "투자라는 것은 철저한 분석하에서 원금의 안전과 적절한 수익을 약속하는 것이다"라는 원칙하에 매수한 종목을 의미한다. 테마주나 재료주에 의한 매수에는 해당하지 않는 말이다. 자신이 충분히 공부해 선택한 종목은 설사 하락하더라도 믿고 기다려 볼 필요가 있다.

그리고 하루하루의 주가 변동은 무시해야 한다. 어떤 사람들은 매일 아침 일어나면 달러를 확인해야 하고, 미국 다우지수를 확인해야 한다는데 그럴 필요가 없다. 오로지 기업의 본질에 집중해야 한다.

가난한 자는 돈을 저축하고 부자는 돈을 꾼다.

방송이나 책에서 주식 전문가들이 이구동성으로 하는 이야기 중 하나가 절대 신용이나 대출을 이용해서 주식을 매수하지 말라고 한다. 일견 맞는 말이기도 하지만 획일적으로 반드시 그렇다고 할 수는 없다. 대출을 이용한 레버리지도 적당히 이용할 줄 알아야 한다. 내가 읽은 책 제목 중에 《가난한 자는 돈을 저축하고 부자는 돈을 꾼다》가 있었다. 부자들은 레버리지를 잘 이용할 줄 안다는 의미다.

어떤 사람이 집을 구매하려고 하는데 1억 원이 모자란다고 하자. 그런데 대출을 받기 싫어서 2년간 돈을 더 모은 후 집을 사겠다는 계획을 세웠다. 하지만 2년 후 그 집을 찾아가니 이미 3억 원이 올라 있었다. 이런 경우는 주위에서도 많이 봤을 것이다. 이 이야기를 들으면, 당연히 대출을 받아서 집을 샀어야 한다고 안타까워하는 사람들이 많지만, 주식만은 대출을 받아서는 안 된다고 생각한다. 하지만 대출을 이용할 때도 나름의 원칙이 있으면 괜찮다. 예를 들어, 수입이 전혀 없는 사람이 단지 집이 오를 것 같아 은행에서 대출을 받아 집을 사는 것에는 누구나 반대할 것이다. 당장 원리금 상환을 하지 못해 경매 처분될 가능성이 크기 때문이다. 부동산을 구매할 때 대출을 받으라고 하는 의미는, 일단 대출을 받아 집을 구입한 후 향후 들어오는 수입으로 원리금을 갚아 나가라는 의미다. 주식의 경우도 마찬가지다. 특히, 코로나19 때와 같은 급락이 올 때, 감당 가능한 범위 내에서 레버리지를 통해 주식을 과감하게 매수할 필요가 있다.

그럼 레버리지를 어느 정도까지 일으킬 수 있을까? 주식을 하면서 가장 손쉽게 대출을 일으킬 수 있는 방법은 증권사에서 주식을 담보로 해서 돈을 빌리는 것이다. 하지만 이 경우에는 두 가지 문제점이 있다. 첫째로, 이자가 연 7~9% 수준으로 고금리다. 요즘 증권사마다 평생 수수료 무료 행사를 많이 한다. 수수료를 받지 않으면 증권사의 수익모델은 뭘까? 바로 대출이자다. 증권사들이 거래 수수료를 받지 않는 대신에 고금리의 대출로 돈을 벌어들인다. 둘째, 코로나19와 같은 사태로 시장이 급락할 경우 담보가 부족해 반대 매매를 당할 수 있다. 이는 비올 때 우산을 빼앗는 격이므로, 이런 사태만은 반드시 피해야 한다. 따라서 증권사에서 주식 담보 대출을 받을 경우에는 자산 대비 대출 비율이 25%를 넘어가지 않도록 해야 한다. 주식을 1,000만 원 보유하고 있으면 대출금액이 250만 원을 넘지 않아야 한다는 것이다. 그래야 급락이 와도 반대 매매를 걱정할 수준에 이르지는 않기 때문이다. 만약 25%를 넘어가는 경우라면, 반드시 대안을 가지고 있어야 한다. 만약 급락이 올 경우 대출금을 상환할 수 있는 방안을 머릿속에 미리 마련해둬야 한다.

은행에서 마이너스 통장 대출 등을 이용해 대출을 일으키는 것은 훨씬 좋은 방법이다. 왜냐하면, 우선 금리가 낮고, 무엇보다도 비올 때 우산을 빼앗길 염려가 없기 때문이다. 그렇지만 증권회사에서 주식을 담보로 돈을 빌리든, 마이너스 통장에서 돈을 빌리든, 미래에 주식에 투자할 돈을 미리 앞당겨서 투자한다는 개념이어야 한다. 예를 들면, 내가 월급을 아껴서 매월 20만 원씩 주식에 투자할 여력이 있다고 하면, 우선 100만 원을 마이너스 통장을 이용해 주식 투자를 하고, 그 후 5개월간 매월 20만 원씩 마이너스 통장을 갚아 나가면 된다는 의미다. 하지만 반대로 돈을 갚을 대안도 없는 상태에서 빌려서 투자한 후 올라가기만을 바라는 것은 좋은 방법은 아니다.

최선호주의 매매 빈도는 낮게 해야 한다.

자신이 승부를 거는 최선호 종목은 목표가 근처에 도달할 때까지 매도하지 않는다. 오로지 매수를 할 뿐이다. 주식은 계속 오르는 경우는 없고, 항상 조정을 받으면서 올라간다. 때로는 심하게 조정을 받는 경우도 많다. 이럴 때 불안한 마음이 드는 것은 당연하다. 예를 들어, 내가 매입한 최선호 주식의 평단가가 2만 원인데, 주식이 25,000원까지 올랐다가 22,000원까지 조정을 받으면, 굉장히 불안해지고 팔고 싶은 생각이 든다. 조금이라도 이익이 남았을 때 이익 실현을 하지 않으면 손해를 보는 구간으로 접어들 것 같은 불길한 느낌이 본인을 괴롭힌다. 그래서 계획과 달리 충동적으로 이익 실현을 하게 된다. 하지만 이렇게 해서는 최선호주의 본격적인 상승구간을 놓칠 가능성이 크다. 큰 시세를 주는 종목은 바닥 근처에서는 천천히 상승을 하고 막바지에 가파른 상승을 한다. 본인이 소신을 지키지 않는다면, 바닥 근처에서 매수를 했다고 할지라도 조정 시 하락을 두려워해서 팔아버리게 되고, 가파른 상승 구간에서는 겁나서 매수를 못하게 되므로 큰 시세를 놓치게 되는 것이다. 성장성이 뛰어나 향후 매출과 영업이익이 늘어날 것으로 예상되는 기업은 성장세가 둔화될 때까지 장기 투자를 해야 한다. 그래야 최선호주의 시세를 온전히 다 먹을 수 있다.

특급 투자가의
비법

차트보다는 본질에 집중해야 한다.

나는 차트 매매를 하지 않는다. 차트 매매를 한다는 것은 마켓 타이밍 매매를 하겠다는 것인데, 이보다는 기업의 가치를 분석해 목표가 수준에 이를 때까지 계속 보유하는 것이 수익률이 더 높다고 확신하기 때문이다. 텐배거(Tenbagger, 10배)의 큰 시세를 내는 종목은 끊임없이 상승과 하락을 반복하면서 가격이 올라간다. 차트상으로 보면 올라가는 중간중간에 많은 매도 사인을 낸다. 그럼 그때마다 팔아야 하는가? 차트를 보고 매매를 하면 대세상승 종목의 시세를 온전히 먹을 수 없다. 결국 고만고만한 이익을 먹고 사고팔기를 반복해서는 다람쥐 쳇바퀴에서 벗어날 수 없다. 더구나 이 책은 직장인들과 같이 자주 차트나 시세를 볼 수 없는 사람들을 대상으로 하고 있기 때문에 더욱 그렇다.

또 하나, 사고팔고를 반복하면 비용을 무시하기 어렵다. 만약 1

년에 100번 거래를 한다면 세금만 25%이고, 50번만 거래를 한다고 해도 세금이 12.5%다. 여기에 수수료가 붙는다. 과연 이만큼의 비용을 내고도 높은 수익을 낼 수 있을까? 버핏과 헤지펀드 간의 내기에 대해 많은 분들이 알고 계실 것이다. 버핏은 개인 투자자들은 인덱스 펀드가 답이라면서 "펀드 매니저들의 IQ는 그들이 받는 수수료만큼은 안 될 것"이라고 했는데, 헤지펀드 투자 회사 '프로테제 파트너스'가 이 말에 발끈하면서 내기가 성사되었다.

내기의 내용은 '2008년부터 10년간 인덱스 펀드와 액티브 펀드 중 누가 더 높은 수익률을 낼 것인가'였다. 버핏은 '뱅가드 S&P 인덱스 펀드'에 투자를 했고, 헤지펀드는 5개의 액티브 펀드에 투자했다. 액티브 펀드는 높은 수익률을 올리기 위해 펀드 매니저들이 적극적인 투자 전략을 편다. 대부분 독자들도 알다시피 결과는 버핏의 승리였다. 뱅가드 펀드의 수익률은 연평균 7.7%였고, 헤지펀드는 연평균 2.2%였다. 여기서 우리는 버핏이 의도한 것을 잘 이해해야 한다. 액티브 펀드의 수익률이 지수보다 못하다는 뜻이 아니라, 액티브 펀드의 수수료나 비용이 너무 많아서 웬만해서는 인덱스 펀드를 넘어설 수 없다는 것이 버핏이 말하는 핵심이다. 그러니까 재주는 투자자가 넘고, 돈은 펀드 매니저가 벌어간다는 말이 적합하다. 만약 10억 원을 투자해서 똑같이 5,000만 원의 수익을 올렸다고 하자.

구분	인덱스 펀드 (뱅가드 인덱스 펀드)	액티브 펀드
비용구조	수수료 연 0.02%	수수료 연 3% + 인센티브(이익의 10%)
비용	20만 원	3,500만 원
수익	4,980만 원	1,500만 원

자료 1-7. 인덱스 펀드와 액티브 펀드의 수수료 비교

자료 1-7에서 보다시피 비용 차이가 175배다. 그리고 액티브 펀드에서 수수료로 가져가는 금액이 고객의 수익보다 2.33배 더 많다. 거래를 빈번히 했다면 비용이 추가로 생길 것이다. 투자자보다 펀드 매니저가 더 많은 돈을 가져가는 경우도 허다하다. 이와 같은 높은 수수료를 극복하고도 인덱스보다 더 높은 수익률을 내기 어렵다는 것이 버핏이 한 말이었다. 가랑비에 옷 젖듯 거래당 비용은 미미하지만 이것이 축적되면 큰 차이를 만든다는 것을 기억하자.

다시 케인스로 돌아가보자. 케인스는 한때 주식 시장에서 돈을 벌 수 있는 방법은 최고의 기업 분석가가 되는 것이 아니라, 떠돌아다니는 소문을 제대로 간파해낼 수 있는 사람이 되는 것이라고 하면서 유명한 '미인대회 비유'에 대해 말했다.

"100점의 인물 사진 작품 중에 가장 아름다운 얼굴 여섯 명을 가려야 하는 신문사 주최의 한 대회가 있다고 하자. 수상은 대회 참가자 전원이 평균적으로 선호하는 얼굴에 가장 부합하거나 근접하는 사진 작품을 선택한 사람에게 수여된다. 이때 재미있는 현상이 벌

어진다. 각각의 경쟁자는 자신이 가장 아름답다고 생각하는 사진을 고르기보다는 그가 생각하기에 다른 경쟁자들이 가장 선호할 것 같은 사진을 선택한다. 따라서 사실상 모든 참가자들이 같은 관점에서 같은 문제에 접근하게 된다."

하지만 이와 같이 마켓 타이밍 방식을 이용한 주식 투자를 하다가 파산한 케인스는 그 후 '내재가치보다 싼 핵심 종목 소수에 집중투자'해 장기간 보유하는 것으로 관점을 전환한 후 주식 투자에 성공했다. 인간은 이성적으로 행동하지 않고 본능적 충동으로 움직이기 때문에 행동을 예측할 수 없고, 확률을 바탕으로 구한 기댓값에 따라 투자하는 것이 아니라 본능적 충동으로 투자하기에 예측이 어렵고 그래서 마켓 타이밍 방식은 불가능한 것임을 케인스는 뒤늦게 깨달은 것이다. 버핏도 차트 매매를 하지 않고 우량 종목을 장기간 보유한다는 사실은 잘 알려져 있다.

프로와 아마추어 간에는 차이가 있다.
아마추어 투자자들과 높은 수익을 내는 프로 투자자들 간의 승률은 비슷하다는 기사를 본 적이 있다. 10종목을 사면 아마추어 투자자나 프로 투자자나 모두 4~6종목만 이익을 내고 나머지는 손해를 본다는 것이다. 그런데 수익률에 차이가 나는 이유는 버는 종목에서 얼마나 버느냐의 차이다. 아마추어 투자자는 10%만 수익이 나면 곧바로 팔아버린다. 그리고 30%든, 40%든 손실이 나면 그대로 보유한다. 그러면 계좌에는 점점 손해가 난 주식만 쌓이게 되어 나중에는 더 이상 어떻게 손을 쓸 수 없는 상태에 이른다. 반대로 프로 투자자는 이익을 극대화한다. 대시세 종목이 걸렸다 싶으면, 아마추어 투자자들은 10% 이익을 보고 바로 팔아버리지만, 프로 투자자들은 100%든 1,000%든 끝까지 물고 늘어진다는 것이다. 대부분의 개인 투자자들은 보유 종목들이 10~20%만 오르면 팔고 싶어진다. 지금 팔지 않으면 떨어질 것 같은 불안감이 들고, 그래서 팔고 나면 마음이 놓인다. 그런데 팔고 나서도 그 주식이 계속 오르면 배가 아파지기 시작한다. 그러다가 판 가격에서 10배가 더 오르면 앓아눕는다. 이런 비극을 맞이하지 않으려면 그 주식의 가치를 나름대로 계산한 후 이에 근거한 목표치를 마음속에 가지고 있어야 한다. 그래야 중간에 이익을 실현하고 싶은 욕구를 억누를 수 있다. 내가 어떤 주식을 주당 2만 원에 샀다고 하자. 마음속 목표 가격이 주당 5만 원인데, 20% 올라서 24,000원이 되었다고 곧바로 팔고 싶겠는가? 목표가를 마음에 새기고 있으면 상승 초기에 물량을 놓아버리는 실수를 줄일 수 있다. 다음은 전설적 투자자 피터 린치(Peter Lynch)의 명언이다!

"주가가 얼마만큼 올라갈지 미리 한계를 정해서는 안 된다. 영업 상황이 여전히 좋고 이익이 계속 늘어나고 있는데 '이제 더는 올라갈 수 없다'고 미리 판단해 그 주식을 무시할 이유는 없다. 그런 식으로는 평생 가야 10루타 종목을 얻지 못할 것이다."

변수를 파악하되,
투자 기업에 집중하기

숲을 보지 말고 나무를 봐라.

버핏의 파트너인 찰리 멍거(Charlie Munger)는 '미시경제는 우리가 하는 사업이고, 거시경제는 우리가 받아들이는 변수들'이라고 했다. 이 말은 거시경제 요소들에 대해서 항상 파악을 해야 하지만 이보다는 우리가 투자하는 기업 자체에 집중해야 한다는 의미다.

코로나19가 2020년 3월 주식 시장을 공포로 몰아넣었을 때, 버핏은 은행주와 항공주를 매도했다. 코로나19로 경제가 붕괴될 것을 염려한 미국의 FRB가 금리를 제로 % 수준으로 떨어뜨렸고, 금리를 이 수준에서 상당 기간 유지하는 것이 불가피한 상황이다. 경제가 안 좋아지니까 기업의 부도율도 올라간다. 금리가 낮아지고, 기업의 부도율이 높아지면 은행에는 상당한 타격이다.

코로나19의 영향으로 사람들이 해외여행이나 해외출장을 극도로 자제할 가능성이 크다. 버핏은 코로나19로 인해 은행주나 항공주 모두 펀더멘탈에 심한 손상이 가는 상황이라고 판단해 관련 주식을 매도했다. 이는 거시경제를 참고해서 투자하는 기업 자체에 대한 판단을 내린 것이다. 하지만 코로나19 때문에 주식 시장 전체가 하락할 것 같으니 주식을 일단 다 팔아야 한다고 생각하는 것은 기업 자체보다는 거시 경제에 집중을 하는 것으로 잘못된 것이다. 거시 경제만 보고 종목에 집중하지 않는 방법은 좋은 방법이 아니다. 은행주나 항공주와는 반대로 NHN사이버결제 같은 종목은 코로나19로 인해 오히려 영업이익이 늘어나는 종목이다. 이런 종목까지 겁에 질려 던져버리는 실수를 범하지 말아야 한다는 것이다.

자료 1-8. NHN한국사이버결제 주봉

자료 1-8에서 보다시피 NHN한국사이버결제는 코로나19가 피크에 달했던 3월에 살짝 하락했다가 곧바로 급등하고 있다. 반대로 자료 1-9의 대한항공은 3월에 급락한 후 반등은 했지만 재차 하락하면서 이전 수준의 주가를 회복하지 못하고 있다.

자료 1-9. 대한항공 주봉

주식은 100%, 현금은 0%를 유지하자.

계좌에 현금을 남겨놓는다는 의미는 시장이 더 떨어지면 매수해서 오르면 팔겠다는 것이다. 하지만 이는 두 가지 면에서 문제가 있다.

첫째, 현금을 남겨 놓으면 충동적으로 주식을 구매하게 된다. 현금이 남아 있으면 주식을 안 사고 버티는 것이 굉장히 어려운 일이라는 것을 주식 투자자라면 누구나 경험했을 것이다. 이는 도박사들이 카지노판에 일정 금액만 가지고 가고 나머지 돈은 호텔 금고에 보관하는 것과 같은 이치다. 따라서 엉뚱한 종목을 충동적으로 사는 것보다는 평소에 공부해 자신 있는 종목으로 미리 채워놓는 것이 더 유리하다.

둘째, 내가 추구하는 전략은 향후 실적 성장이 예상되는 기업을 매수해 제 가치에 도달하면 파는 것이다. 즉, 마켓 타이밍(Market timing)을 하지 않겠다는 의미다. 그러면 굳이 계좌에 현금을 남겨 놓을 필요가 없다. 지수가 폭락하면 평소에 아껴 놓았던 여윳돈을 더 투입하는 것이 옳은 전략이지, 지수가 떨어질 것 같으니까 팔았다가 다시 사는 것은 옳은 전략은 아니다. 우선 일주일 후에 주식 시장에서 어떤 일이 벌어질지는 아무도 모른다. 그럼에도 불구하고 사람들은 지수에 대한 단기 예측을 하려고 한다. 하지만 독자분들도 알다시피 그러한 예측은 대부분 틀린다. 당연히 틀릴 수밖에 없다. 떨어질지 오를지, 떨어지면 얼마나 떨어질지 아무도 모른다. 왜냐하면 지수는 셀 수 없을 만큼 많은 변수에 의해 움직이는데, 그러한 변수를 다 감안해서 예측하는 것이 불가능하기 때문이다. 자신의 예측과 맞지 않으면 사람들은 그럴 듯한 이유를 대면서 변명을 한다. 하지만 그 이유조차 진짜인지, 아닌지 우리는 모른다.

나심 니콜라스 탈레브(Nassim Nicholas Taleb)의 《블랙스완》에 나오는 이야기다. 2003년 12월, 사담 후세인(Saddam Hussein)이 체포되었을 때 블룸버그 뉴스는 오후 1시 1분에 이런 자막 속보를 내보냈다.

"재무부 채권 상승. 후세인 체포가 테러리즘 진압에 기여 못할 듯."

이를 우리 주식 시장에 적용하면 "코스피 하락. 후세인이 체포되었지만 그 반발로 보복 테러가 기승을 부를 듯" 정도가 될 것이다.

하지만 그로부터 30분 후 재무부 채권이 하락했다. 그러자 블룸버그는 1시 31분에 말을 바꿨다.

"재무부 채권 하락. 사담 후세인 체포로 위험률 높은 자산으로 자금 몰려."

이를 우리 주식 시장에 적용하면 "코스피 상승. 후세인 체포로 투자자 심리 회복" 정도일 것이다. 결과를 놓고 원인을 짜 맞추는 식이다.

어떤 전문가가 방송에서 '이번 주는 주도주와 그동안 오르지 못한 주식 간의 간격을 좁힐 것'이라고 말하는 것을 들은 적이 있다. 그러면 주도주를 팔고 비주도주를 사라는 것인지, 그러다가 다음 주에 다시 주도주가 오를 것 같으면 다시 비주도주를 팔고 주도주를 사라는 것인지 그 의미를 모르겠다. 이런 식의 예측은 무의미하고 시간 낭비다.

뒤에 설명을 하겠지만, 2019년에 나는 '하이트진로'를 최선호주로 선택해 매수를 했었고, 'KH바텍'을 차선호주로 선택해서 매수/매도를 했다. 하이트진로를 1차로 매수한 날이 4월 2일 18,100원이었고, 2차로 매수한 날이 8월 21일 22,271원이었다. 그리고 9월 6일에 3차로 25,900원에 매수했다. 그 후에도 소소하게 매수를 했다. 그래서 평균단가가 22,829원이었다. 그런데, 코로나19로 주가가 붕괴되던 3월 23일의 21,700원이 하이트진로의 최저점이었다. 그다음 날부터 쉬지 않고 곧바로 급등했다. 이때의 코스피 지수가 1,482 포인트였다. KH바텍은 9월 23일에 9,890원에 1차로 매수를 했고, 10월 22일에 16,750원에 매수를 했다. 그래서 평균단가가 14,453원이었다. KH바텍 역시 코로나로 코스닥이 붕괴되었던 3월 23일 14,300원을 찍고 그다음 날 곧바로 17,150원으로 오른 후 계속 상승했다.

즉, 평소 열심히 연구해서 성장성 있는 좋은 주식을 사서 기다리는 것이 더 실익이 있는 것이지, 자꾸 사고팔고 하는 것이 더 이익은 아니라는 것이다. 아무리 코로나19로 주식이 12년 만에 최대 폭으로 폭락을 했어도, 내가 매수했던 하이트진로와 KH바텍은 매수평균가 부근까지 떨어진 것이 최대 폭락이었다. 즉, 주식 시장이 전체적으로 폭락을 했어도 보유 종목은 손해가 없었다는 것이다. 그러고는 그다음 날부터 곧바로 폭등을 시작해 6월 말 현재 하이트진로는 43,800원, KH바텍은 22,550원을 기록 중이다. 마켓 타이밍을 노려서 주식을 조금 더 싸게 사려고 샀다 팔았다 하는 것보다는, 좋은 종목을 적기에 발굴해 계속 보유하는 것이 훨씬 이익이라는 것이다. 지수보다는 종목에 집중해야 한다. 지수가 떨어져도 좋은 종목은 오히려 상승한다.

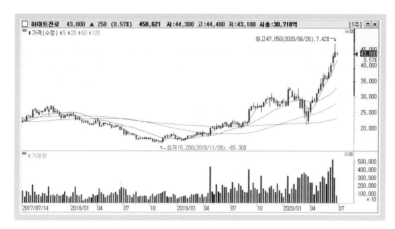

자료 1-10. 하이트진로 주봉

하이트진로 평균매수가 : 22,829원 – 코로나19로 인한 종가기준 최저가(3월 23일) : 21,700원

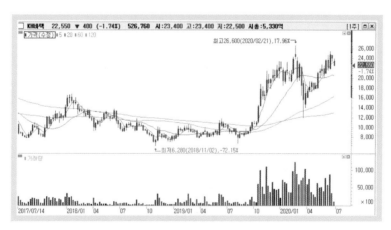

자료 1-11. KH바텍 주봉

KH바텍 평균매수가 : 14,453원 – 코로나19로 인한 종가기준 최저가(3월 23일) : 14,300원

존리 대표가 말하기를 미국 증권회사에서는 시장 시황과 관계없이 펀드에서 현금을 일정 수준 이상 보유하고 있으면 징계사안이라고 했다. 펀드를 항상 주식으로 채우라고 하는 이유는 주가는 여러 가지 정치적, 경제적, 사회적 요소에 따라 흔들리지만 주가는 본질적 가치(Fundamental)가 훼손되지 않는다면 언젠가는 제자리를 찾을 것이라는 확고한 믿음을 가지라는 뜻이리라. 멍거가 "미시경제는 우리가 하는 사업이고, 거시경제는 우리가 받아들이는 변수들"이라는 말을 했다고 앞에서 소개했다. 이와 일맥상통하는 말이라고 생각한다.

2장

어떤 주식을 사는 게
좋을까?

패러다임을
변화시키는 주식

패러다임의 변화를 포착하라.

시대마다 특징이 있는데, 그 시대에 맞는 주식을 매매해야 수익을 낼 확률이 높다. 즉, 패러다임의 변화를 포착하는 것이 가장 중요하다. 그래서 사회적 변화에 부합하는 주식에 승부를 걸어야지, 단지 어떤 주식이 PER이나 PBR과 같은 지표가 저평가되었다는 이유만으로 투자해서는 안 된다. 지금은 4차 산업혁명 시대다. 이 의미는 4차 산업혁명 관련 회사들의 성장성이 크다는 이야기다. 그러면 이런 종목에 투자했을 때 큰 시세가 날 확률이 높다. 4차 산업시대의 대표주인 카카오, 네이버, NC소프트, 삼성바이오로직스 등이 이에 해당된다. 그렇다고 반드시 4차 산업혁명 관련 주에서만 큰 시세가 나는 것은 아니다. 성장성과 확장성이 확인된 종목은 모두 다 큰 시세가 날 수 있다. 코로나19 이후로 확장된 HMR(Home Meal Replacement)의 수혜주인 CJ제일제당은 팬데믹이라는 사회적 변화와 관련된 주식이고, 10년 만에 주류 시장의 판을 바꿔버린 하이트진로 등도 대시세 종목에 포함된다.

PER(Price Earnings Ratio) : 저PER주 혁명

PER은 시가총액을 순이익으로 나눈 값이다. 한때 우리나라에 PER 열풍이 분 적이 있었다. 1992년에 외국인들에게 국내 주식 투자가 처음으로 허용되었다. 우리나라 시장이 개방되면 외국인들이 어떤 주식을 살 것인지가 증권가에서 초미의 관심사였고, 1991년 말부터 외국인들이 살 것으로 예상되는 기업의 리스트들이 신문기사에 자주 등장했다.

1992년이 시작되자 외국인들이 사들이기 시작한 첫 번째 종목은 한국이동통신서비스(현재 SK텔레콤)였다. 휴대전화가 막 보급되는 시기였으므로 성장성이 뛰어났을 뿐만 아니라, 회사 가치 대비 저평가되었다는 이유에서였다. 그 당시 한국이동통신서비스의 주가는 약 4만 원이었고, 액면가는 5,000원이었다. 지금 생각해보면 터무니없는 가격이었다. 그리고 한국이동통신서비스 외에 사들인 주식들이 태광산업, 대한화섬, BYC, 신영(현재 신영와코루) 등이었는데, 시장에서는 이들을 '저(低)PER주'라고 불렀고, 이러한 주식들이 큰 폭으로 상승하는 현상을 '저PER주 혁명'이라고 했다.

태광산업은 1992년 1월 3일 개장 당시 주당 5만 원 수준이었고, PER은 2에 불과했다. 이는 2년만 벌면 회사를 통째로 사들일 수 있다는 의미이므로, 지표상 굉장히 저평가되었다고 할 수 있었다. 태광산업은 다음 달에 10만 원을 돌파해 1996년에는 주당 70만 원, 시가총액 8,000억 원까지 치솟았다. 태광산업이 대우전자의 시가총액을 돌파하자, 증권가에서는 적정 가치를 둘러싼 논란이 일었다. 태광산업이 5대 그룹에 속하는 대우그룹의 간판기업인 대우전자를 넘어섰다는 것을 그 당시에는 납득하기 어려웠던 것이다. 어쨌든 이때부터 우리나라에서는 PER이 주가를 판단하는 데 중요한 요소로 자리 잡기 시작했다.

PBR(Price Book value Ratio) : 자산주 열풍

PBR은 시가총액을 순자산으로 나눈 값이다. 통상적으로 PBR이 1이면 그 시점의 주가와 기업의 1주당 순자산이 같고, 1보다 작으면 청산가치에도 미치지 못한다고 말한다. 1992년의 '저PER주 혁명'의 열풍이 지나간 후, 이번에는 '자산주' 열풍이 불어왔다. 전국에 많은 토지를 가지고 있는 '성창기업', '만호제강'을 필두로 해 부동산을 많이 보유한 기업들이 큰 폭으로 상승했는데, 그 이유는 자산 대비 저평가된 기업이라는 것이었다. 즉, PBR이라는 개념이 처음으로 증권 시장에서 받아들여진 시기였다. 그러다가 SBS의 대주주인 '태영(현재는 태영건설)', 삼성그룹의 유가증권을 많이 보유하고 있던 '신세계' 등이 자산주로 분류되면서 큰 폭 상승을 했는데, 부동산만이 자산이 아니고 유가증권도 자산이라는 개념이 받아들여졌기 때문이다.

　외국인 투자자들에게 시장을 개방하기 전, 우리의 주식 시장은 기업의 가치에 따라 주가가 정해지는 것이 아니라, 업종에 따라 주가가 정해지던 시기였다. 예를 들면, 은행도 은행마다 가치가 다름에도 불구하고, 은행업종이 오르면 모든 은행주가 우르르 다 오르고, 건설업종이 오르면 모든 건설주가 우르르 다 오르던 시절이었다. 중동에서 건설 붐이 일었을 때 어느 건설회사 사장이 중동행 비행기를 탔다는 뉴스가 나오면 모든 건설주가 오르는 식이었다.

　존리 대표가 방송에 나와서 재미있는 말을 한 적 있다. 한국의 주식 시장이 해외에 개방된 초창기, 증권회사 직원이 '안국화재(현재 삼성화재)' 대신에 다른 보험주를 추천하기에 그 이유를 물어봤단다. 그랬더니 증권회사 직원이 "안국화재는 주가가 4만 원이고, 다른 보험주는 주가가 2만 원이니 안국화재 대신에 다른 보험주를 사라"고 했다는 것이다. 같은 보험주니까 같이 1만 원이 오르면 안국화재는 25%의 수익률이지만, 다른 보험주는 50%의 수익률이라는 논리를 내세웠다고 한다. 회사의 본질가치는 생각하지 않고, 같은 업종이면 같은 주식으로 보는 어처구니없던 시절이었다. 그러다 보니 PER이나 PBR과 같은 개념 자체가 국내 투자자들에게는 없었던 것이다. 그렇기에 이러한 저PER혁명, 저PBR혁명이 가능했던 것이고, 그 후 외국인들의 선진화된 기법을 국내 투자자들도 받아들이면서, 주식 시장이 질적으로 성장했다. 따라서 이제는 PER, PBR 기준 저평가라고 판단되는 주식들은 그만한 이유가 있다는 관점에서 보는 것이 옳지, PER이나 PBR이 낮다고 저평가라고 볼 수는 없다.

나는 주식을 선정할 때 PBR은 참조하지 않는다. 그만큼 소액 투자자에게는 의미 없는 지표라고 생각하기 때문이다. 예를 들어보겠다. BYC라는 기업이 있다. BYC는 과거 '백양'이라는 브랜드로 속옷을 만드는 회사인데, 부동산 임대업도 하고 있다. BYC는 전국 각지에 1조 원 이상의 가치가 있는 부동산을 보유하고 있는데, 시가총액은 약 1,300억 원에 불과하다. 그럼 이 회사가 저평가되었으므로 매수를 해야 할까? 나는 그렇게 생각하지 않는다. BYC가 아무리 많은 부동산을 가지고 있어도 소액 주주와는 아무런 관계가 없다. 소액 주주가 받을 수 있는 것은 배당인데, 배당수익률이 2019년 기준 0.5%에 불과하다. 예금이자가 최저라고 호들갑을 떠는 요즘도 1%인데, BYC의 배당수익률은 예금이자에도 미치지 못한다. 소액 주주에게는 매력이 없는 주식이다. 따라서 이런 주식은 PBR과 관계없이 저평가된 주식이 아니다. PBR이 의미가 있으려면 우리나라 상법이 개정되어야 한다.

EV/EBITDA

'빙산의 일각'이라는 말이 있다. 바다를 떠다니는 빙산은 아주 일부분만 눈에 보이고, 대부분은 수면 밑에 감춰져서 보이지 않는다는 말이다. 기업의 가치를 평가할 때 시가총액(주가×주식 수)을 많이 쓰는데, 이는 '빙산의 일각'의 위험에 노출될 수 있다. 시가총액은 회사가 보유한 현금성 자산이나 부채 등을 제대로 반영하고 있지 않다는 것이다. 그래서 쓰는 개념이 EV(Enterprise Value)이다. EV는 시가총액에 순부채를 더한 것이다. 순부채는 총부채에서 현금성 자산을 뺀 것이다.

$$EV = 시가총액 + 총부채 - 현금성 자산$$

자료 2-1. 빙산의 일각

예를 들어, 어떤 회사의 시가총액이 1조 원인데, 부채가 1,000억 원이고 현금은 없다고 하자. 그러면 회사를 인수한 당사자가 부채를 갚아야 하므로 실제로 인수가격은 1조 1,000억 원이 된다. 반대로 어떤 회사의 시가총액이 1조 원으로 동일한데, 부채는 없고 현금이 1,000억 원이 있다고 하자. 그러면 회사를 인수한 당사자는 곧바로 현금 1,000억 원을 사용할 수 있으므로 실제 인수가격은 9,000억 원이 된다. 이것이 EV의 개념이다.

EBIDTA(Earning before interest, taxes, depreciation and amortization)는 사업을 해서 회사로 유입된 현금의 규모를 나타낸다. 영어 뜻 그대로 이자와 세금과 감가상각비를 공제하기 전의 이익을 의미한다.

EBIDTA=영업이익+상각비(감가상각비. 무형자산상각비)

상각비는 현금으로 지출하는 비용이 아니다. 그러므로 영업이익에 상각비를 더해야 실제 회사로 유입되는 현금의 규모가 계산된다. 즉, EV/EBIDTA는 기업의 가치를 해당 년도 사업의 결과 회사로 유입되는 현금의 규모로 나눈 값이다.

PER, PBR 등의 지표가
절대적이지 않은 이유

PBR 관련, 네이버와 카카오에 대해 한마디 덧붙이고자 한다. 이 회사들의 가장 큰 자산은 무엇인가? 바로 충성스러운 고객과 그들로부터 생성되는 데이터다. 우리나라 국민들 중에 네이버와 카카오를 쓰지 않는 사람은 거의 없다고 해도 과언은 아니다. 그렇기 때문에 이들 플랫폼의 확장성이 무한한 것이다. 그러면 이러한 무형의 자산이 PBR에 반영이 되는가? 그렇지 않다. 과거에는 PBR이 유용한 지표였는지 모르지만, 아마존, 알파벳, 애플, 마이크로소프트 등 대표 플랫폼 기업들이 등장하면서 이러한 지표는 더 이상 큰 의미가 없다고 생각하는 이유다.

PER의 한계는 해당 연도의 실적만 반영된다는 것이다. 해당 연도의 예상 순이익과 적정한 PER을 가지고 주가를 예측하는 것이다. 그런데 만약 올해는 실적이 향상되지는 않지만 내년부터는 크게 좋아지는 회사는 어떻게 할 것인가? 해당 연도만 반영하는 PER로는 이러한 성장주의 주가 예측에는 한계가 있다. 특히 요즘은 금리가 제로에 가깝기 때문에 미래의 실적에 대한 할인율도 적고, 그래서 미래의 실적이 주가에 더 잘 반영되는 시대다. PER에 집착하다 보면 고(高)성장주를 놓칠 수 있다.

나는 순이익보다는 영업이익이 더 의미가 있다고 생각해서 시가총액을 향후 예상되는 영업이익으로 나눈 수치를 선호하지만, 그 수치는 저평가나 고평가의 기준점이 없고, 업종에 따라 다르다. 제조업과 플랫폼 기업은 PER이 똑같이 10이라고 해도 그 의미가 다르다.

예를 들어보자. 전기차 시대가 도래하면서 배터리가 유망업종으로 떠올랐다. 기존 배터리 업체는 LG화학과 삼성SDI가 대표적이다. 그런데 배터리 사업의 앞날이 밝다고 판단한 SK이노베이션이 신규로 뛰어들면서, 시장을 잠식하고 있다. LG화학이나 삼성SDI 입장에서는 새로운 경쟁자가 나타난 것이다. 테슬라도 기가팩토리를 통해 배터리 시장에 뛰어들고 있다. 완성차 업체들도 합작 형태로 직접 배터리 사업에 뛰어들고 있다. 베트남의 빈 그룹(Vin Group)도 2,500억 원을 투자해 베터리셀 공장을 건립하겠다고 하자 한국 기업들이 4개의 컨소시엄을 만들어서 경쟁하고 있다. 앞으로 또 어떤 경쟁자들이 나타날지 모른다. 치킨게임이 펼쳐질 가능성도 있다. 그리고 주도권은 완성차 업체로 넘어갈 가능성이 크다. 일부 애널리스트들은 배터리 사업에는 기술 장벽이 있어 타 업체가 쉽게 뛰어들지 못한다고 하지만 만약 그 논리대로라면 삼성전자나 하이닉스도 반도체를 못 만들었어야 했다. 그 당시의 반도체가 현재의 배터리보다 진입장벽이 더 높았기 때문이다. 만약 차세대 배터리 시장의 핵심이라고 할 수 있는 전고체 배터리 개발에 뒤처지기라도 하면 그 업체는 그대로 주도권을 잃고 사라져버릴 수도 있다. 미래가 매우 불확실하다.

하지만 네이버나 카카오 같은 대표 플랫폼을 보자. 국내의 어떤 업체들도 네이버나 카카오와 경쟁할 수 있는 플랫폼을 단기간에 만들 수 없다. 그렇기 때문에 이들 업체들의 독점력은 점점 강화될 수밖에 없다. 혹시 '쿠팡'을 온라인 쇼핑몰의 1위 업체라고 생각하는 분이 있을지 모르지만, 실제로는 네이버가 1위다. 2020년 1사분기 기준, 네이버의 온라인 쇼핑몰 매출이 5.8조 원이고, 쿠팡은 4.8조 원이다. 그리고 SSG.com이 1.3조 원이다. 향후 온라인 쇼핑은 네이버, 그리고 신선식품은 SSG.com이 각각 1위를 차지하면서, 이커머스 시장을 평정하리라 예상한다. 오프라인 유통에 강점을 가지고 있는 롯데온 정도가 잠재적 경쟁상대일 뿐이다. 오프라인에 매장이 있으면 온라인 업체가 가지지 못하는 여러 가지 무기가 있기 때문이다. 월마트가 아마존에 대항할 수 있는 유일한 회사로 거론되는 이유도 미국 전역에 깔린 오프라인 매장 때문이다. 물론 개인적인 생각이다.

네이버와 카카오 같은 독점 플랫폼 기업들의 성장성은 무궁무진한데 경쟁자는 나타나기 어려운 구조다. 이것이 배터리 업체와의 차이점이다. 따라서 배터리 업체와 플랫폼 업체는 같은 잣대로 PER

을 적용할 수 없다. 배터리 업체의 PER 10보다 플랫폼 업체의 PER 20이 더 저평가되었을 수도 있다. 그러므로 예상 PER을 적용할 때 통상 10 이상이냐 또는 이하냐를 따질 것이 아니라, 그 회사의 시장지배력, 그리고 경쟁자의 출현 가능성, 성장성 등 여러 가지 요소를 한꺼번에 고려해야 한다.

PER이 높은 회사가 좋은 회사?

역설적으로, PER이 높은 기업이 더 좋은 기업일 수도 있다. 물론 특별한 경우에 적용되는 것이다. 주식 시장에서 가장 선호하는 종목은 왕성하게 성장하는 기업이다. 성장성이 큰 기업은 투자자들이 높은 가치를 인정해주므로 PER이 높게 형성될 수밖에 없다. 다시 말하면, 기업이 성장하는 속도보다 시장에서 인정을 해주는 속도가 더 빠르기 때문에 성장성이 높은 주식은 PER이 높게 형성된다는 것이다. 하지만 그 기업이 성숙기에 접어들어 성장 폭이 둔화되면, 투자자들은 또 다른 성장기업을 찾아 떠나게 된다. 따라서 주가는 더 이상 오르지 않지만 이익은 지속적으로 늘어나므로 PER은 낮아진다.

SK텔레콤의 예를 들면, 핸드폰의 수요가 기하급수적으로 늘어날 때, 이 회사는 성장성을 인정받아 주가가 퀀텀점프를 계속했다. 주가의 상승폭이 이윤의 증가에 선행하므로 PER은 항상 높은 수준을 유지했지만, 핸드폰의 수요가 정체되면서 성장이 둔화되었다. 그러면서 신규 투자자들의 유입이 감소되어 주가가 정체되었지만, 이익은 꾸준히 증가해 PER은 지속적으로 낮은 수준을 유지했다. 이 경우 높은 PER(즉, 폭발적 성장기)에 투자를 하고, 낮은 PER(즉, 성장의 정체기)에 주식을 매도하는 것도 좋은 방법이 될 수 있다. 낮은 PER(저평가)에 사서 높은 PER(고평가)에 파는 것이 항상 옳은 것은 아니다. 현재, 카카오와 네이버는 높은 성장성과 잠재력을 인정받아 높은 PER을 형성하고 있는 단계다.

무배당 주식에
투자하는 이유

배당을 하지 않는 주식들도 많이 있다. 주로 성장주들이 그렇다. 그럼에도 불구하고, 투자자들이 이런 무배당 주식에 투자하는 이유는, 회사가 성장하기 위해 많은 자금의 수요가 있으므로 비록 지금은 배당금을 주지 않는다고 할지라도 그 회사가 계획대로 꾸준히 성장을 한다면 나중에 많은 배당금을 받을 수 있다는 기대 때문이다. 한국이동통신서비스(현재 SK텔레콤)의 주가가 액면가 5,000원 기준으로 4만 원 하던 시절이 있었다고 앞에서 말했다. 지금은 주당 1만 원씩 배당을 하고 있다. 현재는 액면가가 500원이므로, 액면가 5,000원으로 환산하면 주당 10만 원씩을 배당하고 있는 셈이다. 만약 SK텔레콤을 주당 4만 원(액면가 5,000원 기준)에 사서 계속 보유하고 있다면, 지금은 매년 250%의 이자를 받고 있는 셈이다. 고리대금업도 이런 고리대금업이 없다. 1990년대에 SK텔레콤이 성장주이고, 주식 투자자들이 SK텔레콤에 환호했던 이유가 바로 이것이다.

지금은 무배당(또는 배당이 적은) 주식이어도 미래에 많은 배당금을 줄 것이라는 기대 때문이다.

삼성화재도 비슷한 기업이다. 외국인 투자자에게 시장을 개방했을 당시 안국화재(현재는 삼성화재)의 주가는 약 5만 원 수준이었다. 그 당시 액면가가 5,000원이었으니 지금으로 환산하면 주가가 5,000원 수준이다. 그런데 요즘 대략 1만 원 정도를 배당해주고 있으니 그때 주식을 사서 지금까지 보유하고 있다면 매년 200%의 이자를 받고 있는 셈이다.

주식 투자의 본질은 배당이다. 실적이 좋아지면 주식이 오르는 것도 향후 배당이 높아질 것이라는 기대 때문이고, 성장성이 좋으면 주식이 오르는 것도 향후 회사가 성장해서 배당을 많이 줄 것이라는 기대 때문이다. 배당 외에 주식 투자자들이 회사에서 얻을 수 있는 것은 사실상 없다. 과거 충남방적이라는 상장사가 있었다. 부동산을 많이 보유하고 있어서 자산주로 분류되었지만, 1997년 IMF로 회사 경영이 어려워져 워크아웃을 신청한 후 2002년 회사 정리 절차에 들어갔다. 회사 소유의 부동산을 처분하니 시가총액보다 커서 이 회사의 주주들은 상장폐지 당시의 주가보다 더 많은 돈을 나중에 보상받았다. 이런 특별한 경우가 아니라면 회사에 자산이 많다고 해도 배당으로 연결되지 않는 이상은 소액 주주에게 돌아오는 혜택은 없다. 그렇기 때문에 회사 소유의 자산보다 시가총액이 더 적은 경우가 많은 것이다. SK텔레콤은 SK하이닉스의 대주주다. 그래서 매년 SK하이닉스에서 상당한 배당금을 받는데, 이를 SK텔레콤 주주를 위한 중간배당의 재원으로 사용한다. 이럴 경우는 회사의 자산이 배당으로 연결되는 경우다.

만약 어떤 회사가 있는데, 그 회사가 자산도 많고 이익도 많이 나는 견실한 회사다. 그런데, 그 회사의 경영진이 영원히 배당을 한 푼도 하지 않겠다고 선언한다면 그 회사는 소액주주에게는 가치가 없다. 이럴 경우, 이론적으로 이 회사의 주가는 점차 0원에 수렴해 갈 것이다. 반대로 어떤 회사가 이익은 보잘것없지만 돈이 무한대로 많은 경영진이 일정 수준 이상의 배당을 영구히 보장한다면(비현실적이지만), 이 회사의 주가는 높은 수준을 유지할 것이다.

자료 2-2. SK텔레콤 배당내역

참고적으로, 배당금 이력을 보려면 SEIBro(www.seibro.or.kr)에서 확인할 수 있다. 자료 2-2는 SK텔레콤 배당내역이다. ① 기업을 클릭한 후, ② 배당내역상세를 클릭한다. 그리고 ③ 기업명을 입력하고, ④ 조회를 누르면 과거 배당내역을 확인할 수 있다.

신뢰할 수 있는
기업에 투자하라

　회사의 규모도 중요하다.

　한순간도 신뢰할 수 없는 회사에는 절대로 투자를 하면 안 된다. 특히 우리가 최소 80%의 비중을 실어 투자하는 최선호주는 일정 규모 이상의 회사여야 한다. 일정 규모 이상이라고 하면 이름만 대면 국민들이 다 아는 중견기업이거나 또는 대기업의 자회사여야 한다는 것이다. 그렇지 않으면 최선호주 후보가 될 수 없다.

　최선호주의 후보를 대기업의 자회사나 중견기업으로 한정하는 이유는 만일에 터질 수 있는 사태를 항상 염두에 둬야 하기 때문이다. 세원물산이라는 상장사가 있다. 대주주 지분도 많고 실적도 탄탄한 회사인데, 대주주의 4,000억 원 횡령·배임 혐의로 2019년 거래가 정지되었다. 외국에서 일어난 일이지만 스타벅스를 뛰어넘겠다고 호언장담하던 중국의 루이싱커피가 2020년 6월 29일 나스닥에서 상장 폐지되었다. 11,260시간의 매장 비디오를 돌려보고 25,843

개의 매장 영수증을 분석해본 결과 2019년 3분기에는 69%, 그리고 4분기에는 88%의 매출이 부풀려졌다는 무디 워터스 리서치의 보고서가 계기가 되어 회계조작이 폭로된 것이다.

소규모의 기업이나 신생 회사에서는 이러한 사고는 언제든 터질 수 있기 때문에 최소한의 안전장치가 필요한 것이다. 국민들에게 널리 알려진 중견기업이나 대기업에서는 이런 일이 발생하지 않을 것이고, 발생이 되더라도 수습이 가능하리라고 생각한다. 그래서 재무제표에 나타나는 숫자보다 회사의 규모가 더 중요할 수도 있다. 재무제표가 좋지 않은 회사는 이미 투자자가 알고 있는 문제여서 혹시라도 문제가 되면 탈출할 시간이라도 주지만, 대주주 횡령이나 사기와 같은 경우는 대처할 방법도 없이 당하기 때문이다. 그래서 나는 규모가 작은 회사는 최선호주의 후보에서 제외한다.

목표가가 구체적이어야 한다.

주식 매매를 할 때는 항상 적정 주가를 예측해야 한다. 그래야 상승 초기 국면에 너무 일찍 매도해버리는 실수를 범하지 않는다고 앞에서 설명했다. 목표가는 증권사 애널리스트들이 하듯 복잡하게 분석을 할 필요는 없고, 합리성만 있으면 어떤 방법이든 좋다고 생각한다. 뒤에 하이트진로, KH바텍, 다나와의 목표가를 나름대로 분석한 자료를 실었는데, 자기만의 목표가를 대략 정한 후에도 분기별로 발표되는 실적 자료는 항상 확인해야 한다. 특히 전년 동기 대비 매출액과 영업이익이 어떻게 변했는지를 비교해야 한다. 또한 현금흐름표에서 '영업활동현금흐름'도 봐야 하고, '유·무형자산 취득' 항목도 봐야 한다. 만약 '영업활동현금흐름'이 '유·무형자산취득' 금액보다 적으면 실제로 이윤을 창출한 것이 아니다. 영업에서 번 돈이 사업에 재투자할 돈에도 미치지 못한다는 의미이기 때문이다. 목표가를 심플하게 자신만의 방법을 동원해서 직접 계산해보도록 하자. 개인 투자자가 전문 교육을 받은 애널리스트와 같은 리포트를 만들기도 어려울뿐더러, 애널리스트들의 목표가가 실제 심중(心中)의 목표가 아니므로 왜곡된 숫자일 수 있기 때문이다.

해자의 유무(有無)도 중요하다.

자료 2-3은 일본 오사카 성이고, 그 주위로 연못이 보이는데, 이를 '해자'라고 한다. 적이 공격을 할 때 연못이라는 방해물이 적의 공격을 늦추는 역할을 한다.

자료 2-3. 오사카성의 해자

투자를 잘 하는 사람들은 주식 투자를 할 때 해자가 있는 기업인지, 아닌지를 따진다. 성곽 주위의 해자가 버퍼(Buffer) 역할을 해서 적의 침략을 방해하듯, 기업도 해자가 있으면 해당 기업의 경쟁력 약화를 방어해주기 때문이다. 나도 투자에 있어 해자의 유무가 중요하다는 데 동의한다. 어떤 형태로든 튼튼한 해자가 있는 기업과 그렇지 않은 기업은 위기가 닥쳤을 때 큰 차이를 나타낸다.

과거 '평산'이라는 코스닥 등록업체가 있었다. 단조제품을 만드는 회사였는데, 풍력발전 관련 제조업이라고 해서 증권사에서 연일 유망주로 매수추천을 했고 주가도 많이 올랐던 종목이다. 하지만 이 업체는 결국 상장폐지되어 코스닥 시장에서 사라졌다. 풍력이 아무리 유망산업이었다 할지라도 단조제품이라는 것이 특별한 것은 아니다. 아무나 만들 수 있는 제품이다. 즉, 해자가 없는 기업이다. 이런 기업은 약간의 어려움만 닥쳐와도 심하게 흔들릴 수 있다.

경영자가
기업의 절반이다

모두들 알다시피 FAANG는 페이스북(Facebook), 아마존(Amazon), 애플(Apple), 넷플릭스(Netflix), 구글(Google)의 합성어인데, 미국 IT업계의 선도 기업들로 인정받으며 2010년대 중반부터 가파른 주가상승을 보여줬다. 이 중에서 페이스북, 아마존, 애플, 구글은 모두 다른 기업들이 넘보기 힘든 아성을 구축하고 있지만, 넷플릭스는 이들 4개 기업들과는 좀 다르다. 콘텐츠의 질(質)과 양(量)에서 압도적인 미국의 메이저 스튜디오들이 언제든지 제2의 넷플릭스를 만들수 있었다는 것이나, 자금과 회원 수가 압도적인 비디오 대여점 블록버스터 같은 경쟁 업체가 넷플릭스의 모델을 채택할 수 있었다는 위험요소가 초기부터 있었다. 그런데 어떻게 이런 위험요소를 극복하고 현재의 넷플릭스로 성장할 수 있었는지를 묻는다면 단연코 설립자인 리드 해스팅스(Reed Hastings)의 능력 때문이라고 답할 수 있다.

해스팅스는 톰 행크스(Tom Hanks) 주연의 영화인 〈아폴로 13호〉의 비디오테이프를 늦게 반납하는 바람에 연체료를 물게 되었고, 이 사건을 계기로 넷플릭스를 창업한 것으로 알려지고 있다. 와이프한테 바가지 긁힐 것을 생각하니 짜증이 치밀어 올라 연체료 없는 비디오 대여점을 생각했다는 것이다. 해스팅스가 진짜로 연체료 때문에 아이디어를 발전시켜 결국 창업까지 연결되었는지는 알 길이 없다. '나이키 와플'도 와플을 요리할 때 밀가루 반죽 대신에 실수로 생고무를 넣은 것에서 착안했다는 말이 있듯 성공한 기업이나 제품에는 항상 이런 신화들이 따라다니기 마련이다. 그러나 〈아폴로 13호〉와 관련된 이야기가 책이나 인터넷 여기저기에 있는 것을 보면 해스팅스가 직접 비슷한 언급을 했던 것 같고, 간접적으로나마 이 영화가 창업에 영감을 준 것은 어느 정도 사실인 것 같다.

1997년 넷플릭스가 창업되고 4년이 지난 2001년, 넷플릭스 회원은 미국 전역에 50만 명에 불과했다. 그 당시 넷플릭스의 사업모델은 '영화 비디오나 DVD를 인터넷을 통해 대여해주는' 것이었다. 이는 아주 단순한 사업모델이었고, 그래서 진입장벽이 낮은 사업이었다. 만약 비디오 대여점인 '블록버스터'나 디즈니와 같은 스튜디오들이 똑같은 사업을 시작한다면 자금의 규모나 콘텐츠 규모 면에서 넷플릭스는 상대가 되지 않는다는 것을 해스팅스는 알고 있었다. 그래서 마음이 급한 상태였지만, 샌프란시스코 지역을 제외한 다른 지역에서는 여간해서 침투율이 올라가지 않아 긴장하고 있었다. 2001년 당시 샌프란시스코 지역에서 넷플릭스의 침투율은 2.6%

였는데, 이는 미국 내 다른 지역보다 두 배 정도 높은 수치였다. 만약 미국 전역에서 샌프란시스코와 동일한 비율로 고객들을 가입시킨다면 넷플릭스의 회원 수는 270만 명을 넘어서서 어느 정도 안정궤도로 들어설 수 있을 것이다. 그런데 샌프란시스코 지역의 침투율만 높은 이유는 뭘까? 이에 대한 해답을 찾아야만 하는 상황이었고, 경영진들끼리 갑론을박을 벌였다. 그중에 나온 의견들이다.

① 샌프란시스코 지역은 넷플릭스의 본사가 있는 곳이다. 직원들이 주위의 친척들이나 친구들을 설득해서 가입시켰을 것이다.
② 샌프란시스코 지역에는 첨단기술자들이 많이 살기 때문에 온라인 쇼핑에 익숙하다.
③ 샌프란시스코 지역은 부유한 동네이기 때문에 영화를 보는 데 돈을 아끼지 않는다.
④ 캘리포니아주는 영화산업의 본거지다. 이 지역에 영화광들이 많기 때문이다.

모두 다 그럴듯한 의견들이다. 통상의 회사들이라면 회의에서 나온 그럴듯한 의견을 적당히 취합해서 대책을 마련했을 것이다. 하지만 해스팅스는 경영진들의 직관에 의한 잘못된 처방을 내리지 않기 위해 소비자들을 상대로 직접 조사를 해야 한다고 생각했다. 조사 결과 정답은 엉뚱하게도 유통센터의 위치에 있다는 것을 알아냈다. 넷플릭스의 유통센터가 샌프란시스코에 있었기 때문에 이곳에 사는 고객들은 비디오나 DVD를 신속하게 수령할 수 있었던 반면, 뉴욕이나 휴스턴 등 먼 곳에 거주하는 고객들은 1주일이 지난 후에나 제품을 받을 수 있었다. 멀리 있는 고객들은 DVD를 주문했다는 사실을 잊을 만큼 오랜 시간이 흐른 다음에야 제품을 받을 수 있었으니 만족도가 높을 수가 없었다. 신속함이 사업의 핵심임을 알게 된 것이다.

그다음 해에 LA지역에 유통센터가 건립되자 곧바로 LA지역의 침투율이 높아졌다. 2010년 말 전국에 56개 유통센터가 건립되자 회원수가 2,000만 명까지 기하급수적으로 늘어나게 되었다. 이렇게 올바른 판단과 결정을 하는 것이 바로 CEO의 능력이다. 만약 넷플릭스가 소비자들을 상대로 직접 조사를 하지 않고, 임원회의에서 나온 의견을 바탕으로 적당한 대책을 세웠다면 아마도 넷플릭스는 지금 존재하지 않을지도 모른다.

해스팅스는 '시네메치(Cinematch)'라고 불리는 추천엔진 시스템을 개발해 강력한 서비스의 향상을 이루었다. 아마존이 도서 추천 목록을 알고리즘으로 도출하는 개념을 처음 시도했는데, 해스팅스가 이를 벤치마킹한 것이다. 넷플릭스 회원의 60%가 매일 시네매치가 추천하는 수많은 영화 목록 중에서 자신이 볼 영화를 선택할 만큼 큰 인기를 끌게 되었다. 2006년에는 시네매치의 정확도를 10% 이상 끌어올린 팀에게는 100만 달러의 상금을 주겠다고 콘테스트를 해서 AT&T 출신의 로버트 벨이 우승했다. 넷플릭스의 시네매치는 적당히 추천하는 시스템이 아니다. 정교하기로 정평이 나

있고, 추천 알고리즘의 난이도도 굉장히 높다. 이 정도의 정확도면 가입자들이 영화를 본 뒤 어느 정도 점수를 줄지 사전에 거의 정확하게 예측할 수 있다고 한다.

전국에 유통센터를 건설한 것이 넷플릭스를 생존 가능하게 만들었다면, 추천엔진 시스템의 도입은 넷플릭스가 성장할 수 있는 발판을 마련했다. 이러한 사실은 헤스팅스 없는 넷플릭스는 버핏이 없는 버크셔 해서웨이와 같다는 느낌을 준다.

하지만 2020년 7월, 넷플릭스는 새로운 공동 CEO를 임명하는데, 테드 서랜도스(Ted Sarandos)가 그 주인공이다. 서랜도스는 비디오 도소매 및 배급과 관련된 일을 하다가 1999년에 넷플릭스에 합류했고, 그 후 넷플릭스에서 계속 중책을 맡아왔다. 아마도 향후 서랜도스가 전면에 나서고 헤스팅스는 점차 은퇴 수순에 들어간 것처럼 보인다. 물론 서랜도스가 CEO의 자질을 갖춘 훌륭한 인물이겠지만, 그럼에도 불구하고, 개인적으로는 이런 엄중한 시기에 왜 새로운 CEO를 내세웠는지 아쉬운 점이 남는다. 엄중한 시기라 함은 OTT라는 전쟁터에서 생존을 위한 무한 경쟁이 펼쳐지는 아주 어려운 시기라는 의미다.

반대의 경우로 CJ CGV를 보자. CGV는 2016년 4월 터키의 최대 극장 사업자인 마르스엔터테인먼트 그룹 지분 38.12%를 3,019억 원에 사들여 최대 주주가 되었다. 계열사인 CJ ENM이 투자에 참여했고, 메리츠종금증권이 재무적 투자자로 참여했다. 재무적 투자자는 총수익스왑(TRS)방식을 통해 인수대금을 마련했다. TRS는

신용파생금융상품의 일종으로 대출 만기일이 다가왔을 때 주식과
채무를 그대로 교환하되 빌린 돈의 상환금액을 환율에 따라 달라지
도록 하는 거래 방식이다. 즉, 환율에 따라 갚아야 하는 금액이 변
동된다는 의미다. 평소 같으면 큰 문제가 없었을지 모르지만 터키
에서 경제위기가 발생하면서 터키의 화폐가치가 큰 폭으로 떨어졌
다. 그래서 CGV의 실적에 악영향을 미쳤는데, 2017년 관련 손실은
513억 원이었고, 2018년에는 TRS 손실 금액이 1,771억 원으로 늘
어났다. 이러한 큰 손실을 보게 된 원인은 CGV경영진의 무지 때문
이다.

(단위 : 억 원)

구분	2017년	2018년	2018년
매출	17,114	17,694	17,694
영업이익	862	777	777
순이익	100	−1,885	−1,885

자료 2-4. CJ CGV 실적

과거 원유트레이딩 관련 업무를 할 때 상사는 항상 헤지(Hedge)
의 중요성을 강조했다. 그 당시 읽은 자료에 의하면, 역사적으로
볼 때 헤지를 하지 않은 기업은 결국 망했다. 그것도 망할 확률이
100%였다. 처음 2~3번은 헤지를 하지 않아도 잘 넘어갈 수 있지만,
계속 헤지를 하지 않을 경우 언젠가 한 번은 치명적 손실을 입게 되
어 회복불능 상태에 빠진다는 것이다. 특히 제3국가들과 외환거래
를 할 때 헤지는 기본 중의 기본이다. 헤지를 하는 이유는 돈을 벌기

위해서가 아니고 회사를 안정적으로 운영하기 위해서다.

정유회사는 주기적으로 공장 셧다운(Shut down)을 한다. 비수기에 공장을 점검하기 위해 시설 일부를 중단하고 점검하는 것이다. 그렇게 되면 아무래도 처리하는 물량이 줄어들게 된다. 예를 들어 5월에 셧다운을 하면 5월에 수입하는 물량이 줄어들게 된다. 그래서 수입이 많아지는 일부 물량을 5월물 가격으로 확정하기 위해 선물거래를 한다. 2월에 평균보다 많은 물량이 들어오고, 5월에 평균보다 적은 물량이 들어온다면 선물거래를 통해 2월 물량의 일부를 5월 가격으로 변경하는 것이다. 이런 것들이 모두 위험을 줄이기 위한 경영 활동이다.

그런데 제3국의 환리스크에 그대로 노출된다는 것은 회사가 너무 큰 위험을 안고 가는 것이다. 회사 운영의 1차 목표는 회사가 위험에 처하지 않도록 안정적으로 운영하는 것이고, 2차 목표는 수익을 극대화하는 것이다. CGV는 터키발 위기 때문에 처분 가능한 자산은 모두 처분하는 등 위기를 넘기기 위해 고군분투하고 있지만 지금도 생사를 넘나들고 있다. 더구나 이런 문제가 터진 후 CGV 관계자는 언론과의 인터뷰에서 "작년 순이익 적자 전환은 장부상 평가 손실"이라며, "작년 8월 이후 리라화가 최저점을 찍은 후 회복 국면으로 진입하고 있어 향후 손실은 제한적일 것"이라고 말하는 안이한 태도를 보였는데, 주주들은 이런 인터뷰를 본 즉시 주식을 처분해야 한다. 경영자 리스크가 너무 큰 기업이다.

자료 2-5. CJ CGV 주봉

　　자료 2-5를 보면 앞의 인터뷰 기사가 나온 2019년 2월 12일 이
후 꾸준히 하락하고 있음을 알 수 있다. 2월 12일의 주가는 46,950
원이었는데, 12월 말에는 34,550원까지 하락해서, 26% 하락했다.

삼성전자의 힘은
최고 경영자로부터

　우리나라 기업 중 경영자의 역량을 가장 돋보이게 만든 회사는 단연 삼성전자다. 1958년 10월에 설립된 금성사(현재 LG전자)는 1959년 11월 15일 '골드스타 A-501' 등 세 가지 종류의 라디오 제품을 생산하기 시작하면서 라디오 국산화의 결실을 맺게 되었다. 하지만 기술 수준이 워낙 취약해서 품질에 끊임없는 문제를 일으켰다. 한 예로, 금성사의 라디오는 '카멜레온 라디오'라는 별명이 붙었는데, 햇볕만 쬐면 라디오 색깔이 변하기 때문이었다. 그래서 소비자들은 금성사의 라디오는 외면하고 미국과 일본에서 수입되는 밀수품만 찾아 다녔다. 금성사는 천신만고 끝에 라디오를 만들었지만, 제품이 팔리지 않아 공장 문을 닫을 위기에 처했다. 그런데, 이때 금성사를 살려준 사람이 바로 박정희 전 대통령이었다.

　5·16 군사 쿠데타로 정권을 잡은 국가재건최고회의 박정희 부의장이 우연히 금성사 공장에 들렀다가 밀수품 때문에 국산 라디오가

팔리지 않아 공장이 곧 문을 닫을 위기에 처했다는 사실을 알게 되었다. 그러자 박정희 부의장은 곧바로 '밀수품 근절에 대한 최고회의 포고령'을 발표함과 동시에 '전국의 농어촌에 라디오 보내기 운동'을 대대적으로 전개한다고 발표했다. 그러자 금성사 제품이라면 거들떠보지도 않던 라디오 가게 주인들로부터 제발 라디오를 공급해달라는 부탁을 거꾸로 받게 되고, 금성사는 밀려드는 주문을 소화하기 위해 생산라인을 증설하고 여공들을 급히 모집했다. 부도 직전의 금성사는 박정희 전 대통령의 도움으로 기사회생한 후 탄탄대로를 달리기 시작했다.

삼성전자는 1969년 1월 13일에 설립되었다. 그 당시 삼성전자는 일본의 산요전기로부터 기술을 이전받아 제품을 생산할 계획이었으나, 금성사를 비롯한 국내 전자업체들의 반발이 거셌다. 삼성전자가 생산제품의 85%를 수출하고 15%만 국내에 판매하겠다고 했지만, 기존 전자업체들은 삼성전자를 '매판 조립산업'이라고 매도하며 "나머지 15%만 국내에 풀려도 국내 업계는 도산한다"고 주장하면서 필사적으로 삼성전자의 시장 진입을 막았다. 결국 국내 전자업계의 반발을 의식해 정부에서는 생산제품의 전량을 수출한다는 조건으로 삼성전자와 산요전기의 합작을 승인했다.

그 당시 국내 가전제품의 가격은 국제시세에 비해 3배가량 높았다. 기존의 업체들은 국내 시장에서 많은 이익을 거두고 있었기 때문에 수출에 힘을 쓸 이유가 없었다. 반대로 이야기하자면, 삼성산요전기는 타 업체에 비해 3분의 1가격으로 제품을 판매해야 했고 그것도 전량을 수출해야만 했다. 신생 전자회사로서는 감당하기 어려운 여건이었다. 삼성이 처음 만든 제품은 금성사의 제품과는 상대가 되지 않을 정도로 형편없었고, 산요전기에서도 삼성 연구원들에게 기술을 전수해주지 않고, 한국의 값싼 노동력만 이용하려고 했다. 이렇게 삼성전자는 어려운 여건 속에서 비틀거리면서 시작을 할 수밖에 없었다.

하지만 다 알다시피 지금의 LG전자(그 당시 금성사)는 삼성전자의 적수가 되지 않는다. 매출액 기준으로도 2019년 삼성전자는 230조 원이고, LG전자는 6조 2,000억 원이다. 영업이익은 삼성전자가 27조 8,000억 원, 순이익은 21조 7,000억 원인데, LG전자는 영업이익 2조 4,000억 원, 순이익은 1,800억 원에 불과하다. 이렇게 삼성전자가 LG전자를 이기고 글로벌 기업으로 성장한 중심에 있는 인물이 바로 이건희 삼성그룹 회장이다.

1974년 이건희는 아버지 이병철 회장에게 한국반도체를 인수하자고 건의했지만 묵살당했다. 아마도 이병철 회장은 반도체 산업의 전망을 제대로 인식하지 못하고 있었거나, 아니면 대규모 투자가 필요한 반도체를 감당하기에는 삼성이 너무 취약하다고 생각한 듯하다. 삼성의 경영진들도 "TV 하나도 제대로 못 만드는 형편에 최첨단으로 가는 것은 너무 위험하고 시기상조"라고 하면서 한국반도체 인수에 강하게 반대했다. 그래서 이건희는 하는 수 없이 아버지 이병철 회장의 도움 없이 사재를 털어 한국반도체 지분 50%를 인수해서 반도체 사업에 뛰어들었다. 즉, 반도체 사업은 삼성이 시작했다기보다는 삼성 경영진의 반대에도 불구하고 이건희 개인이 시작했다고 보는 것이 맞다. 반도체는 이건희가 발굴하고 선택한 사업인 것이다.

그 당시 한국반도체는 이름만 반도체였지 실제로는 트랜지스터나 겨우 만드는 수준이었고, 언제쯤이나 LSI(대규모 집적회로), VLSI(초대형 집적회로)를 만들지도 알 수 없는 형편이었다. 이건희는 반도체 기술을 확보하기 위해 사활을 걸었다. 심지어는 일본 기술자들을 토요일에 몰래 데려와서 우리 기술자들에게 기술을 밤새워 가르치게 하고 일요일에 돌려보내기도 했다.

우여곡절 끝에 이병철 회장은 1983년 '2·8도쿄 선언'을 통해 반도체 대규모 투자 발표를 하면서 반도체에 본격 뛰어들었지만, 삼성의 반도체 성공을 믿는 사람은 삼성 내부에도 없었다. 우리 정부도 이러다가 한국 경제가 망한다고 삼성의 반도체 사업을 반대했다.

당시 일본 미쓰비시연구소는 '삼성이 반도체 사업에서 성공할 수 없는 다섯 가지 이유'라는 보고서를 내면서 삼성의 반도체 진출을 비웃었다. 미쓰비시연구소는 작은 내수 시장, 취약한 관련 산업, 부족한 사회간접자본, 삼성전자의 열악한 규모, 빈약한 기술을 다섯 가지 이유로 지적했다. 하지만 삼성전자가 6개월 만에 64KD램을 미국, 일본에 이어 세계에서 3번째로 자체 개발에 성공해 세계를 놀라게 한 데 이어, 1992년 세계 최초로 64KD램을 개발함으로써 D램 세계 시장 1위에 오르게 된다.

LG전자는 외국산 라디오도 막아주고, 정부 예산으로 라디오도 사주는 우호적인 환경에서 사업을 시작했고, 삼성전자는 LG전자를 비롯한 경쟁 회사들의 반대가 극심한 험악한 여건에서 사업을 시작했지만, 지금은 두 회사가 비교조차 되지 않을 정도로 격차가 크다. 삼성전자가 반도체 1등 기업으로 도약하게 된 데에는 혜안을 가진 이건희라는 CEO가 있었기에 가능했고, 이런 경영자가 있느냐 없느냐의 차이가 현재의 삼성전자와 LG전자의 차이를 만들어냈다. 기업에 있어 경영자의 중요성은 아무리 강조해도 지나치지 않다.

이건희가 사활을 걸고 추진한 반도체 사업은 그 시대에는 비웃음의 대상이었지만, 훗날 우리나라를 먹여 살리는 효자 산업이 되었다. 이와 대척점에 있는 사람이 GE의 잭 웰치(Jack Welch) 회장과 같은 사람이다. 잭 웰치 회장은 재임기간에는 '경영의 신'이라 추앙받으며 수많은 경영자들의 벤치마킹 대상이 되었고, 그를 찬양하는 온갖 도서들이 서점을 가득 매웠다. GE는 한때 시가총액 1위 기업에 오르기도 했다. 하지만 잭 웰치 회장이 단행한 10만 명 이상의 직원 해고, 과도한 구조조정 등은 후에 부메랑으로 돌아와 회사가 핵심경쟁력을 상실하는 결과를 초래했다.

지금의 GE는 다우존스 산업평균지수를 구성하는 30개 종목에서 퇴출된 채, 유동성 위기에 시달리는 2류 기업으로 추락했다. 현재보다는 미래를 내다볼 수 있는 혜안을 가진 경영자가 있는 기업에 투자해야 한다. 반대로 경영자가 의심스러운 기업에는 투자하면 안 된다. 특히 정무적 판단에 문제가 있다는 생각이 드는 기업도 가급적 배제하는 것이 좋다.

정무적 판단에 둔했던 기업은 과거 국제그룹이 있다. 국제그룹은 1985년 전두환 정부가 부실기업 정리를 명분으로 해체된 그룹이다. 명분은 부실기업 정리였지만 실제로는 정치보복을 당했다는 사실은 누구나 다 알고 있다. 그리고 그 중심에는 양정모 국제그룹 회장의 정무적 판단미스가 있다.

양정모 국제그룹 회장은 1984년 12월 22일 청와대에서 열린 전두환 대통령과의 만찬에 지각을 했는데, 그것도 모자라서 "부산 지역 경기가 낙후해 민정당 지지 기반이 취약하니 임해공단을 건설해 달라"는 엉뚱한 말까지 불쑥 꺼내 전 대통령의 노여움을 샀고, 새세대육영회와 새마음심장재단이 2,500여억 원을 걷는 동안 한 푼도 내지 않다가 청와대 비서실의 전화를 받고서야 마지못해 10억 원의 성금을 냈는데, 그것도 3개월짜리 어음으로 내는 어이없는 실수를 저질렀다. 국제그룹은 그 당시 재벌그룹 서열 7위였는데, 성금실적은 30위권이었고, 모금액수가 너무 많다고 항상 불평을 해서 권력층의 미움을 샀다. 여기서 말하려는 것은 강제적인 성금을 내는 것이 옳으냐, 아니냐의 문제가 아니라, 이렇게 정무적 판단에 문제가 있는 기업에는 투자를 하지 않는 것이 좋다는 것이니 오해 없기를 바란다.

뒤에서 자세히 설명을 하겠지만, 테슬라의 엘론 머스크(Elon Musk)가 저궤도 위성을 이용한 인터넷망 스타링크 프로젝트를 완성하면, 향후 어떤 자동차 회사도 테슬라를 쫓아올 수 없는 강력한 해자를 가지게 된다. 아직 자율주행차의 시대가 열리지 않았기에, 어느 자동차 기업이든 저궤도 위성을 통한 통신망의 확보가 가능했겠지만, 머스크만이 이런 가능성을 먼저 발견하고 실행에 옮겼다. 머스크 역시 미래를 보는 혜안을 가진 경영자라고 하지 않을 수 없다.

국가도
경영진이 중요하다

경영자가 중요한 것은 비단 기업에만 해당되지 않는다. 국가에 있어서도 CEO 등 경영진이 중요하다. 지금 당장은 반대가 심하더라도 미래의 비전을 보고 과감하게 추진할 수 있는 혜안이 지도자에게는 필요한 것이다. 영화 〈국가부도의 날〉을 보면 IMF가 우리나라와 협상에 앞서 다음 여섯 가지 선결조건을 제시한다.

① 금리를 30%까지 올린다.

② 자본 시장을 개방한다.

③ 외환보유고와 금융기관에 대한 모든 정보를 공개한다.

④ 금융기관의 즉각적인 구조조정을 실시한다.

⑤ 기업의 지배구조를 즉각 개편한다.

⑥ 구제금융을 받는 즉시 노동 시장을 유연화 한다.

그러자 한국은행 통화정책 팀장인 우리의 주인공 한시현(김혜수 배역)은 "금리를 높여 기업을 도산시키고 자본 시장 개방으로 투자를 쉽게 해서 적대적 인수합병을 통해 도산한 국내기업을 외국기업이 손쉽게 인수하도록 하기 위한 조치가 아니냐?"고 따진다. 그러자 당황한 IMF 측에서는 한시현 팀장을 협상팀에서 제외시켜 줄 것을 요구한다. 왜냐하면 한시현 팀장의 말은 IMF의 정곡을 찌르는 날카로운 지적이었기 때문이다. 수입 규제를 풀고 국내의 독점구조를 해체하는 등의 정책은 외환위기의 본질과 관계가 없다. 그럼에도 불구하고 IMF가 이런 무리한 것들을 요구한 이유는 IMF가 우리나라의 경제회생보다는 미국의 이해관계에 더욱 관심이 많았기 때문이다.

그 당시 미국의 재무장관 로버트 루빈(Robert Rubin)은 골드만삭스 회장 출신으로 금융과 기업의 시스템을 잘 아는 관료였다. 한국의 외환위기는 한국 경제를 미국이 원하는 방향으로 이끌기 좋은 절호의 기회라고 생각했다. 그래서 이 기회를 통해서 그동안 한국 정부의 반대로 관철시키지 못했던 모든 현안들을 미국이 유리한 방향으로 풀어가려고 했던 것이다. 그래서 우리나라의 금융과 산업에도 상당한 구조 변화가 일어났다.

① 미국의 은행지점들을 한국에 설립
② 외국 기업들이 보유할 수 있는 상장회사의 지분을 50%로 확대
③ 외국인 개인들이 보유할 수 있는 기업의 주식 지분 50%로 확대

④ 수입선 다변화 제도, 무역 관련 보조금 폐지, 수입증명절차의
간소화

이런 것들은 미국을 대신해 IMF가 우리나라에 주장을 했던 것
이라고 보면 된다. 어쨌든 IMF의 선결 조건에 의해 우리 정부는 통
화를 긴축했으며, 이자율도 30%에 육박하도록 인상했다. 높은 이
자율과 수요긴축을 견디다 못해 한국의 많은 기업들이 도산했으며,
외국의 정체불명 펀드들은 이렇게 도산한 한국의 우량 기업들을 헐
값에 주워 담기만 하면 많은 돈을 벌 수 있었다. 그렇게 우리가 그동
안 피땀 흘려 축적한 부(富)가 외국으로 넘어갔으며, 우리 국민들은
어쩔 수 없는 일이라고 자책하면서 감수했지만, 사실 꼭 어쩔 수 없
는 일이었는지는 되새겨볼 필요가 있다.

사실 외환위기를 극복하는 모범답안은 우리나라와 정반대 정책
을 펼쳤던 말레이시아에 있었다. 그 당시 말레이시아 역시 우리나
라와 마찬가지로 극심한 외환위기를 겪고 있었다. 하지만 말레이시
아의 마하티르(Mahathir) 총리는 IMF가 제시하는 프로그램을 거부했
다. 사실 말레이시아는 링깃 화 가치를 끌어올리기 위해 IMF가 추
진하는 것과 비슷한 정책을 이미 시행해본 적이 있었다. 금리를 높
이고 신용을 줄이자 경제가 거의 질식할 지경에 이르렀고, 소비마
저 줄면서 성장도 일어나지 않았다. 그래서 IMF의 구제금융을 위
해서는 반드시 받아들여야 하는 고금리와 각종 수요감축 방안 등은
그렇지 않아도 힘든 기업들의 매출만 감소시킬 것이고, 문제없이

돌아가는 기업들조차 재무적 파산으로 몰고 갈 것이라고 마하티르 총리는 판단했다.

마하티르 총리는 말레이시아를 위기에서 빠져나오게 하기 위해 혼자서 고민을 거듭했는데, 의외의 국가에서 그 해답을 찾았다. 바로 중국과 대만이었다. 중국과 대만은 아시아 전역에 불어 닥친 외환위기에도 끄떡없었다. 그래서 이 나라에는 있고, 말레이시아나 태국, 인도네시아에는 없는 것이 무엇인가를 찾아내기 위해 고민을 했고, 마침내 그 해답을 찾아냈는데, 그것은 바로 자본이동과 외환거래에 대한 엄격한 통제였다.

마하티르 총리는 자본통제가 필요하다는 결론을 내리고, 이런 그의 생각을 정책 팀에 전했다. 하지만 모두가 반대했다. 자유금융 체제가 절대 선(善)처럼 여겨지던 그때에 자본을 통제하겠다는 마하티르의 생각은 터무니없는 것으로 간주되었다. 하지만 마하티르 총리는 결단을 내렸다.

1998년 9월 1일, 마하티르 총리는 해외의 링깃 화 거래를 전면 중단했다. 링깃 화를 가진 외국인들은 국내로 들어와 거래를 해야 했다. 하지만 통제 자체가 지나치게 엄격하지는 않아서 투자로 얻은 이익을 본국에 보내거나 자산을 매각하려는 투자자들은 여전히 돈을 가지고 나갈 수 있었다.

이러한 마하티르의 결정은 국제적인 비웃음의 대상이었다. 이 결정을 거부하던 말레이시아 중앙은행 총재도 사임했다. 〈월스트리트 저널〉은 자본통제 정책을 두고 '거대한 계산 착오'라는 제목의 기사에서 '말레이시아가 암흑 속에서 헤매는 불행한 시기로 접어들 것으로 보인다'고 경고하기도 했다.

안와르 이브라힘(Anwar Ibrahim) 재무장관도 마하티르의 결정을 강력하게 반대했다. 그는 기업과 경영자들은 실패에 따른 벌을 받아야 하며, 문을 닫도록 내버려둬야 한다고 주장했다. 이는 영화 〈국가부도의 날〉에서 악역을 맡았던 재정국 차관이 "이번에 한국 경제 체질을 싹 바꿔야 한다"고 했던 말과 일맥상통한다고 볼 수 있다. 외환위기로 경제가 추락하자 여론도 마하티르에게서 등을 돌렸다. 마하티르 총리는 사면초가에 갇히게 되었고, 심지어는 탄핵의 위기에까지 몰리기도 했다. 하지만 그러는 동안 말레이시아의 경제는 서서히 살아났다. 그가 착안한 자본통제는 외환붕괴 사태를 막았고, 경제가 다시 살아나기 시작한 것이다.

심지어 IMF조차도 후에 이를 인정했는데, 자본통제가 취해진 1년 후 IMF는 "자본통제 체제는 많은 연구자가 처음 생각했던 것보다 더 많은 긍정적인 효과를 낳았다"는 내용을 발표했다. 마하티르 총리는 말레이시아가 IMF구제금융을 받았으면 사라져버렸을 수많은 기업과 국가의 부를 지켜낸 것이다.

반면 우리나라는 어떤가! 우리나라는 IMF체제에 들어간 1997년 12월 이후, 중소기업이 하루 100개씩 부도가 났다. 우리가 익히 알 만한 기업들만 봐도 12월 5일 고려증권을 시작으로, 한라그룹, 쌍용자동차, 동서증권, 청구그룹, 나산그룹, 극동건설, 거평그룹, 삼양식품, 파스퇴르, 대농그룹 등이 모두 부도가 났다. 심지어는 대학으로는 처음으로 단국대학교까지 부도가 났고, 후에 대우그룹까지 공중분해 되었다. 그리고 제일은행, 외환은행 등 산업의 핏줄인 은행까지도 미국의 사모펀드에 경영권이 넘어가는 사태가 발생되었다. 그야말로 국가경제가 초토화되었다.

　이후 외환위기가 발생한 어느 나라도 우리나라와 같이 외환보유고를 풀지 않았다. 외환보유고를 풀어 외국자본이 빠져나갈 기회를 주는 것은 어리석다는 것을 알았기 때문이다. 한마디로 '한국과 같이 대응하면 안 된다'는 것을 신흥국들이 깨달은 것이다. 2015년 원유가격과 원자재 가격이 폭락하자 브라질과 러시아는 경제적으로 큰 위기를 겪었다. 환율과 물가가 올라가자 국민들의 원성이 빗발쳤고 지도자에 대한 지지도도 폭락했다. 외국인 투자자들도 투자금 회수를 위해 아우성이었지만, 이들 두 나라는 끝내 외환보유고를 풀지 않았다. 환율이 폭등하고 나니 해외 자본들의 손실이 눈덩이처럼 불어나 빠져나가려던 발길을 되돌릴 수밖에 없었다. 너무 손해가 심해 손절을 할 수준을 넘어선 것이다. 언젠가는 좋아지겠지 하는 심정으로 그대로 두는 수밖에 없었다. 그러자 언제 그랬냐는 듯이 환율이 안정되고 물가도 상승을 멈췄다. 민심도 잠잠해졌다. 그러다 원자재가격과 유가가 안정되자 경제가 회복되었다. 우리나라는 IMF 때 국민들이 금을 팔아 외채를 갚았지만, 터키는 외환위기가 터지자 오히려 금을 더 사 모았다.

3장

최선호 승부주의
발굴법

일상에서
주식을 보다

　피터 린치가 '던킨 도너츠'에 투자해서 대박을 터뜨린 것으로 유명한데, 그는 매일 아침 출근길에 사람들이 도넛을 사기 위해 길게 줄을 선 것을 보고 이 회사에 투자를 결심했다고 한다. 피터 린치는 이를 '생활 속의 발견'이라고 했다. 2019년 초만 해도 식당이나 주점에 가면 '카스맥주'가 주류 냉장고를 점령하고 있었다. 하지만 2019년 초여름부터 '테라맥주'와 '카스맥주'가 거의 대등하게 공간을 점령하기 시작했고, 주위 테이블에서는 사람들이 '처음처럼' 대신 '진로이즈백'을 마시기 시작했다. 주류 시장에 거대한 변화가 온다는 것을 알아차린 사람들이라면 '하이트진로'에 대해 알아봤을 것이다. 또한 '불닭볶음면'이 편의점 매대에서 '신라면'과 같은 비중을 차지하는 것을 봤다면 '삼양식품'에 대해 알아봤을 것이다. 생활의 발견을 생활화하자!

　《주식을 사려면 마트에 가라》의 저자인 크리스 카밀로는 이 책의 서문에서 다음과 같이 쓰고 있다.

"2006년 9월부터 2010년 4월까지, 내가 직접 운용한 투자 포트폴리오는 자산가치가 83,752달러에서 2,388,311달러로 774.22% 증가했다. 이 기간 동안 외부 회계법인 와그너, 유뱅크앤니콜스가 검증해준 내 투자 수익 동향은 독자들이 직접 볼 수 있게 ChrisCamillo.com에 공개했다."

카밀로는 주식 투자에는 어떤 전문적인 지식도 필요 없다고 한다. 단지, 지인들과 자주 소통하고, TV를 시청하며, 잡지를 읽기만 하면 되고, 정기적으로 외식을 하며, 쇼핑을 하거나, 인터넷 서핑을 즐기기만 하면 훌륭한 주식 투자자가 될 수 있다고 한다. 아들이 특정 게임에 빠져 있으면, 그 게임에 대해 조사하고, 딸이 '다른 애들도 다 신는다'고 하면서 특정 신발을 사달라고 하면 그 신발에 대해 검색하는 등의 열정이 필요할 뿐이라는 것이다. 세계 최대 투자 포트폴리오 성과추적 서비스인 코베스터닷컴은 2010년에 세계 40만 개의 투자 포트폴리오 성과를 추적했는데, 그중 운용자산규모가 25만 달러가 넘는 포트폴리오 중에서 카밀로가 1등을 차지했다고 한다. 그는 생활 속에서 자신이 발견한 회사에만 투자를 해서 이러한 성과를 이뤄낸 것이다.

카밀로가 생활 속에서 발견을 언급한 사례 몇 가지를 다음과 같이 소개한다. 2007년 7월 아이폰이 출시된 지 며칠 후, 수영장 파티에서 만난 몇몇의 친구들이 신형 아이폰을 가지고 있었다. 5분 정도 만져본 후 카밀로는 아이폰이 정말 위대한 발명품이라고 생각했고, 파티에 참석한 모든 사람의 반응이 같았다. 몇 시간 전만 해도 핸드폰을 구매할 의사가 없었던 사람들이었지만, 아이폰을 본 후에는 아이폰을 살 것인지, 말 것인지가 아니라 언제 살 것인가로 모두 입장이 바뀌었다. 이후에 친지들, 친구들, 직장동료의 반응도 모두 한결같았다. 그는 사람들이 블로그 등을 통해 아이폰 사용경험에 대한 글을 올리고, 구매의사를 밝히는 것을 보며, 모든 곳에서 동일한 현상이 벌어지고 있다는 것을 확신하고 애플에 대해 조사하기 시작했다. 그런 뒤 애플 주식을 사들였다. 2007년 당시 애플의 주가를 찾아보니 약 18달러 수준이었고, 지금은 350달러 수준이다.

카밀로는 게임마니아인 동생을 따라 E3비디오게임 컨퍼런스에 갔다. 이 컨퍼런스는 매년 5만 명이 넘는 게임업계 종사자들과 수많은 비디오게임 팬들이 몰리는 행사다. 그 당시 소니의 PS3, 마이크로소프트 Xbox360가 언론과 월스트리트로부터 집중적인 조명을 받고 있었지만, 일반 게이머들은 오랜 2인자였던 닌텐도가 개발 중인 Wii에 훨씬 더 관심이 많았다. 소니와 마이크로소프트가 지배하는 게임업계에 대해 선입견이 없는 일반 게이머들은 Wii를 5분만 사용해봐도 그 게임기가 비디오 게임 산업의 미래라는 것을 짐작할 수 있었다. 카밀라도 마찬가지였다. 하지만 Wii는 소니나 마이크로 소프트의 신형 게임기에 비하면 그래픽이 뒤떨어졌다. 이런 이유 때문에 월스트리트에서는 닌텐도를 평가절하 했다. 하지만

Wii는 모든 예상을 깨고 PS3와 Xbox360의 판매량을 합친 것보다 더 많이 판매되었고, 전 세계적으로 7,000만 대가 팔리는 기록을 세웠다. 그래서 닌텐도의 주가는 2년 동안 15달러에서 70달러로 상승했고, 카밀로는 동생 덕분에 컨퍼런스에 간 비용의 100배를 수익으로 챙겼다.

지피지기(知彼知己)면
백전백승(百戰百勝)

자신이 잘 알고 있는 분야일수록 승률이 높다. 예를 들면, 게임에 대해 잘 알고 있는 사람들은 '리니지2M', '리니지M'이 시장에서 크게 성공할 가능성이 높다는 것을 알았을 것이다. 그러면 대시세 종목인 'NC소프트'를 상승 초입에 매수했을 것이다.

주류업계에 종사하는 사람들은 '테라맥주'와 '진로이즈백'의 돌풍을 일반 소비자들보다 먼저 알았을 것이고, 과거 '좋은데이' 바람도 먼저 체감했을 것이다. 그러면 하이트진로나 무학의 주식을 매수했을 것이다. 무학은 2010년부터 2015년까지 3,500원에서 65,000원까지 무려 18배나 상승했다.

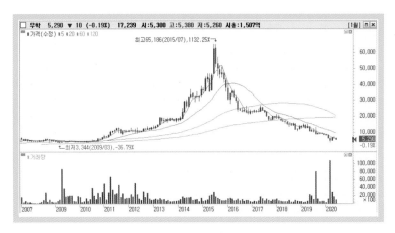

자료 3-1. 무학 월봉

　　무학은 부산과 경남에서 '좋은데이'의 성공을 기반으로 수도권
에 진출했다. 주점이나 식당들에 많은 지원금을 제공했고, 좋은데
이 소주를 마시는 손님에게는 사은품을 증정하는 행사를 꾸준히 진
행했다. 그럼에도 불구하고, 서울에서 좋은데이의 침투율은 올라오
지 않았고, 홈그라운드인 부산, 경남지역에서도 '대선'에 밀리면서
주가가 5,000원 수준까지 하락하고 있다. 만약 꼭대기 가격에 무학
을 샀다고 할지라도 주류업계에 종사하는 사람이라면 이러한 사정
을 일반 주식 투자자보다 먼저 알 수 있었을 것이므로 손실을 최소
화 할 수 있었을 것이다.

자료 3-2. F&F 월봉

　　패션업계에 종사하는 사람들은 F&F의 가능성에 대해 알았을 것
이고, 보톡스 열풍이 불었을 때, 의료분야 종사자들은 '메디톡스'의
제품이 얼마나 팔리는지 알았을 것이다. 자신이 일하는 업계에서
히트상품이 나온다면, 다른 사람들보다 그 기업을 먼저 발견하게
된다. 항상 주식 투자의 가능성을 염두에 두고 있으면 주위의 사물
들이 주식과 연결되어 보이기 시작한다. 가능성이 있는 상품이 나
오면 그 상품에 대해 관찰하고 공부해서 투자와 연결시키는 습관을
가져야 한다.

주식 시장을 읽는 힘,
독서

　주식 시장에서 성공하려면 남과 차별되는 무언가가 있어야 한다. 남들과 함께 휩쓸려 부화뇌동하는 매매를 해서는 성공할 수 없다. 앞에서 말한 두 가지, 생활 속의 발견과 자신이 아는 분야에 투자도 차별되는 포인트다. 하지만 남들과 차별화를 이루기 가장 쉬운 방법은 독서를 많이 하는 것이다. 주위에 주식으로 성공한 사람이 있으면, 책을 많이 읽는지 물어보라. 아마도 열 중 아홉 명은 책을 많이 읽는 사람일 것이다.

　앞에서도 말씀 드렸듯이, 나도 독서를 통해 세상 돌아가는 방향을 파악하고 거시경제를 파악한다. 사실 내가 다른 사람들보다 독서를 많이 한다는 한 가지 사실을 믿고 주식 시장에 뛰어들었다고 해도 과언은 아니다. 왜냐하면, 내가 남들보다 차트를 잘 보는 것도 아니고(물론 차트는 신뢰하지 않지만), 증권회사 펀드 매니저 경력이 있는 것도 아니다. 그나마 연관을 시키자면, 과거 회사 생활을 할 때

트레이더(Trader)로 활동을 해봤다는 것이 전부다. 하지만 지금까지 읽은 2,000권의 독서량이 나를 다른 사람들과 차별점을 만들어 줄 것으로 믿었다고 해야 할 것이다.

어떤 책들이 주식 투자에 도움을 줬을까? KT경제경영연구소에서는 여러 분야의 전문가들이 모여 최신 ICT 트렌드를 분석해 미래 환경 변화에 대비하기 위한 인사이트를 제공할 목적으로 출판하는 책들이 있다. 이런 책들이 ICT 트렌드 전반을 이해하는 데 도움이 된다. 《코로나 이코노믹스》, 《2020 빅 체인지》, 《한국형 4차 산업혁명의 미래》와 같은 책이다. KT경제경영연구소에서는 주기적으로 단행본을 발행하므로 꾸준한 관심을 가진다면 많은 도움이 될 것이다.

그리고 지금은 고인이 되셨지만, 이민화 메디슨 설립자가 쓴 책들도 4차 산업혁명 시대를 이해하는 데 도움이 된다. '우버'와 같은 공유플랫폼에 대해 심층적으로 이해하고 싶으면 《공유 플랫폼 경제로 가는 길》을 읽으면 도움이 되고, 우리나라의 4차 산업 현황에 대해 알고 싶으면 《대한민국의 4차 산업혁명》을 읽으면 도움이 될 것이다.

플랫폼 기업을
주목하라

2018년부터 2019년까지 플랫폼 기업에 관한 책이 유별나게 많이 출판되었던 것 같다. 대부분 구글, 아마존, 넷플릭스의 탄생과 성장에 관한 내용이었다. 그럼 이런 책을 읽은 독자 입장에서는 자연히 플랫폼 기업에 대해 조사를 해보게 된다. 미국에서는 플랫폼 기업이 외연을 급속히 확장시키면서 놀랄 만한 주가상승을 이뤄냈고, 지금도 끝을 모를 정도로 성장을 지속하고 있다. 우리나라 플랫폼 기업들도 미국과 마찬가지로 엄청난 성장을 하면서 외연을 확장시켜 나가고 있었다.

자료 3-3. 아마존닷컴 주봉

자료 3-4. 알파벳A 주봉

자료 3-5. 네이버 주봉

자료 3-6. 카카오 주봉

하지만 유독 네이버의 주가만은 오르지 않았다. 2017년부터 2019년까지 아마존은 146%, 알파벳은 73% 상승했다. 카카오는 99% 상승했다. 하지만 네이버는 16% 상승에 그쳤다. 그러면 나는 네이버의 주가 상승률이 낮았던 이유를 알아볼 것이다. 만약 내가 유럽의 국민이라면 자국의 대표 플랫폼 기업에 관심이 없었을 것이다. 왜냐하면 유럽은 이미 미국의 플랫폼 기업에 점령당해 사이버상 식민지로 전락했다고 해도 과언은 아니기 때문이다. 그런 이유로 요즘 유럽연합이 디지털세에 적극적인 것이다. 미국 플랫폼 기업의 독무대가 된 유럽 시장에서 세금이라도 걷어야겠다는 의지를 피력하지만 미국의 반대가 심한 상황이다. 그런데 독특하게도 우리나라 플랫폼 기업들은 미국의 플랫폼 기업들로부터 이미 독립을 이뤄낸 상태일 뿐만 아니라, 네이버의 라인이나 카카오의 픽코마와 같이 해외에서도 성공적으로 뿌리를 내리고 있는 자회사들도 있다.

네이버를 조사해보면, 그동안 많은 투자를 했기 때문에 주가가 오르지 못했다는 사실을 알 수 있다. 하지만 이제 그 투자가 성과로 돌아올 때일 뿐만 아니라, 네이버의 성장성이 무궁무진하다는 사실을 확인할 수 있다. 간단히 요약하면 다음과 같다.

① 네이버는 우리나라의 1등 온라인 쇼핑몰이고 향후 성장성도 크다.
② 네이버페이는 급속히 성장하는 간편 결제 서비스 시장에서 1등이다
③ 네이버페이에서 분사된 네이버파이낸셜도 금융 서비스 분야에서 괄목할 만한 성장을 이룰 것으로 예상된다.
④ 네이버웹툰은 세계 1위의 웹툰 플랫폼이고, 네이버의 라인은 일본에서 국민 메신저다.

네이버의 성장성은 여러 자료로 입증된다. 그렇다면 타 플랫폼에 비해 덜 상승한 네이버에 관심을 갖는 것이 타당하다. 실제로 네이버는 2020년 상반기에만 43%가 상승했다. 네이버나 카카오 외에도 우리나라에는 플랫폼 기업이 많이 있다. 아프리카TV도 플랫폼 기업이고, 다나와도 플랫폼 기업이며, 유비케어도 플랫폼 기업이다. 그리고 이지웰도 플랫폼 기업이고, 비즈니스온도 플랫폼 기업이다. 앞으로 상장할 플랫폼 기업들도 많이 있다. 플랫폼 기업은 향후에도 꾸준한 관심이 필요하다.

테슬라가
플랫폼 기업이라고?

　독자분들 중에는 테슬라를 전기차 제조 기업으로 정의하는 분들이 대다수일 것이지만, 나는 테슬라도 플랫폼 기업으로 정의한다. 만약 테슬라가 전기차 기업이라고 하면, 한계는 명확하다. 공장에서 자동차를 만들 수 있는 수량에 대당 가격을 곱하면 최대 매출이 나오고, 여기서 원자재 비용과 인건비 등의 비용을 빼면 최대 영업이익이 나온다. 그러면 최고 주가는 이를 바탕으로 산출되기 때문에 한계가 있다. 물론 향후의 성장성 등을 감안할 수 있지만, 그것마저 한계가 있다는 뜻이다. 하지만 지금 테슬라의 주가는 끝없이 올라간다. 그래서 지구의 주식이 아니라는 이야기도 한다. 나는 그 이유가 주식 시장에서는 테슬라를 이미 플랫폼 기업으로 받아들이기 때문이라고 생각한다.

　테슬라의 관계사인 '스페이스 엑스'는 위성을 이용한 인터넷망 '스타링크' 구축을 위해 2019년 5월 23일 스타링크 위성 60

기를 우주로 발사했고, 향후 저궤도(300km) 통신위성 7,500기와 1,100~1,300km 광대역 통신 위성 4,425기를 발사할 예정이다. 더 나아가 소형 위성을 12,000개까지 늘려 지구적 초고속 인터넷망을 구축할 것이다. 저궤도 위성은 낮은 고도에서 공전을 하기 때문에 정지궤도 위성보다 지연 속도가 짧다는 장점이 있지만, 이를 커버하는 지역이 한정적이라는 단점이 있다. 또한 저궤도 위성이 지구를 도는 데 90분밖에 걸리지 않아 사용자가 위성과 접촉하는 시간도 짧다. 그래서 수천 대의 위성을 바꿔가면서 연속적으로 서비스하는 방식을 취한다.

만약 스타링크 프로젝트가 성공하면 사막 한가운데나 아프리카 오지에서도 인터넷 서비스를 이용할 수 있다. 향후 자동차는 자율주행이 대세가 된다는 데 이견이 없다. 자율주행을 위해서는 끊임없이 데이터를 주고받아야 하며, 차량 간 네트워크 문제도 해결해야 한다. 만약 스타링크 프로젝트가 완성되면 자연스럽게 자율주행 네트워크가 완성되는 것이다. 스타링크의 사용처도 자율주행에 한정되는 것도 아니므로 그 가능성은 무궁무진하다. 향후 다른 자동차 업체들도 테슬라의 스타링크를 임대해서 사용하지 않으면 자율주행이 힘든 상황에 처하게 될 수도 있다. 그렇기 때문에 테슬라는 확장성이 열려 있는 독점적 플랫폼 기업이라는 것이다.

'구독과 좋아요'의
경제학

다시 책 이야기로 돌아와서, 미국에서 구독경제와 관련된 기업들의 주가상승이 두드러진다는 서적도 있었다. 《구독과 좋아요의 경제학》도 그런 내용의 도서다. 이 책에서는 구독경제와 관련된 여러 기업의 예를 들고 있다.

〈뉴욕타임스〉의 주가가 5년 만에 최고치를 기록 중인데, 그 이유는 회사의 수익 중 60% 이상이 독자들로부터 직접 나오기 때문이라는 것이다. 과거에는 주로 광고 수입에 의존했는데, 디지털 매출을 늘리지 않으면 어렵다는 사실을 인지하고, 신문의 콘텐츠를 디지털 매출의 상승을 가져올 수 있는 방향으로 개편해 현재 260만 명이 넘는 유료 디지털 구독자를 확보하고 있다. 어도비(Adobe) 같은 기업도 과거에는 소프트웨어를 팔아서 매출을 올렸기 때문에, 신제품이 출시되는 달과 그렇지 않은 달의 실적이 들쭉날쭉했고, 제품을 한 번 팔면 끝이었는데, 월정액으로 요금체계를 바꾼 후에는 실적도 꾸준하고 제품의 수익이 매달 창출되므로 회사가 더 안정적이 되었다는 것이다. 이는 당연히 주가상승으로 이어졌다.

구독경제의 대표 회사로는 넷플릭스가 있다. 기존에는 영화 스튜디오들은 수천억 원을 투자해 대작을 출시하고, 극장에 관객이 몰리면 좋은 것이고 그렇지 않으면 망하는 모델이었지만, 넷플릭스의 비즈니스 모델은 더 안정적이라는 것이다. 넷플릭스는 영화나 드라마를 자체 제작하는데, 이 프로그램의 성공 여부와 관계없이 신규 가입자를 유치하고, 기존 가입자의 수명을 연장하는 데 도움이 된다는 것이다. 즉, 제작한 프로그램들이 일회성으로 가치가 사라지지 않고, 그것들이 전부 합쳐져서 회사의 가치를 높인다. 〈뉴욕타임스〉나 어도비 같이 구독경제를 도입한 회사들의 주가가 크게 상승했다는 사실을 알게 된 독자들은, 우리나라 구독경제의 대표 회사에 대해 알아볼 것이다. 코웨이와 쿠쿠홈시스 등이 우리나라 구독경제의 대표 회사들이다. 쿠쿠홈시스는 동남아 시장에서 시장 점유율을 급속히 확대해가는 과정에서, 코로나19의 여파로 주춤하지만, 장기적으로는 관심을 가져볼 만하다. 그리고 SK네트웍스 같은 회사들이 구독경제로 전환하고 있는 회사들이다.

공유경제 플랫폼들의 성장조건은?

플랫폼 관련 책을 읽다 보면 공유경제(Sharing economy)에 대한 이야기가 많이 나오는데, 공유경제는 플랫폼이 이익을 독점한다는 치명적 약점을 가지고 있고, 이러한 문제점들을 해결하지 않으면 플랫폼 기업의 성장은 한계에 부딪힌다는 것도 알게 된다. 공유경제를 기반으로 하는 플랫폼 기업은 참여자들의 기여를 바탕으로 성장하는데, 참여자들에게 공정한 수익배분을 하지 않을 경우 그 플랫폼은 오래 유지되기 어렵다는 것이다. 공유경제의 대표 기업은 우버, 리프트, 에어비앤비 등이다. 그러면 향후 이런 기업들이 플랫폼과 참여자들의 이익분배를 어떤 식으로 하는지 잘 관찰할 필요가 있다. 만약 경쟁기업에 비해 참여자들에게 획기적 이익분배를 하는 기업이 있다면 그 기업에 관심을 가져야 한다. 현재 공유경제를 기반으로 하는 플랫폼 중에서 가장 공정한 이익배분을 하는 기업은 '유튜브'라고 할 수 있다.

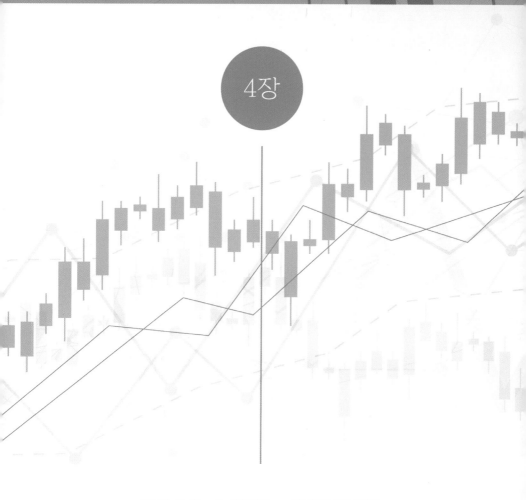

4장

주식 시장, 어떻게
분석하는 게 좋을까?

사고 실험으로 읽는
주식 시장

    사고 실험은 실제로 실험을 할 수 없는 경우 머릿속에서 생각만으로 추론해 결과를 도출해내는 것을 말한다. 아인슈타인(Einstein)의 낙하하는 엘리베이터 실험, 갈릴레이(Galilei)의 연결된 물체 낙하 실험 등이 사고 실험의 예다.

    위쪽으로 가속해서 올라가는 엘리베이터가 있다고 하자. 엘리베이터의 한쪽 면에 조그만 구멍이 있다. 그 구멍으로 빛이 들어와서 반대편 벽에 빛이 도달할 때까지 엘리베이터가 위쪽으로 조금 올라가므로 그만큼 빛은 엘리베이터의 바닥 쪽으로 내려온다. 즉, 엘리베이터 안을 가로지르는 빛의 궤적은, 엘리베이터가 위로 가속하는 영향 때문에 아래로 휘는 곡선이 된다. 아인슈타인의 '등가원리'라고 하는 또 다른 원리에 의해 엘리베이터가 위쪽으로 가속하는 경우와, 중력장 안에서 정지하고 있는 경우 모두 똑같은 효과가 생기게 된다. 그래서 빛은 중력에 의해 휘어진다는 결론을 얻게 되었다.

아인슈타인은 이와 같이 사고 실험을 통해 현대 물리학의 패러다임을 바꾼 대단한 발견들을 했다. 시간의 상대성이라든가, 또는 질량이 시공간을 휘어지게 한다는 것 등도 사고 실험을 통해 확인했다.

갈릴레이의 사고 실험은 훨씬 간단하다. 아리스토텔레스(Aristoteles)는 무거운 물체가 가벼운 물체보다 빨리 떨어진다고 했는데, 갈릴레이의 시대에는 아리스토텔레스의 이론이 정석으로 받아들여졌다. 갈릴레이는 무거운 물체와 가벼운 물체를 묶으면 무거운 물체는 원래보다 천천히 떨어지고, 가벼운 물체는 원래보다 빨리 떨어질 것이라고 추론했다. 하지만 무거운 물체와 가벼운 물체의 묶음을 하나의 물체로 보면 이 새로운 물체는 무거운 물체보다 더 무거우므로 더 빨리 떨어져야 한다. 이와 같이 아리스토텔레스의 이론은 모순되므로, 모든 물체는 무게와 관계없이 같은 속도로 떨어진다는 결론을 얻었다.

아인슈타인이나 갈릴레이가 사용했던 사고 실험 방법을 우리도 주식 투자에 이용할 수 있다. 어떤 섹터나 기업에 대해 꼬리에 꼬리를 무는 생각을 하다 보면 자기 나름의 결론에 이르게 된다. 그러한 결론에 이르게 된 과정이 충분히 합리적이었는지를 돌아보고 그렇다고 판단되면, 그 결과를 주식 투자에 이용할 수 있다. 4장 전체를 통해 몇 가지 예를 들어보겠다.

5G 관련 주의
해외 모멘텀은?

　2020년 새해부터 5G 관련 종목을 '2020년 유망주'로 꼽는 증권회사의 리포트들이 많았다. 2019년에는 국내의 투자 수요로 5G 관련 종목들이 상승을 했다면, 2020년에는 미국에서 5G 투자가 본격화되므로 이에 대한 수요가 있으리라는 예측에 의한 것이다. 내가 미국에서 공부하던 시절, 네바다 주와 아리조나 주의 사막을 횡단한 적이 있었다. 크리스마스이브의 전날인 12월 23일이었는데, 혹시라도 운전 중에 휘발유가 떨어질까 걱정해 항상 만탱크를 유지하면서 운전을 했다.

　하지만 국도로 들어선 순간 뭔가 잘못되었다는 것을 깨달았다. 지나치는 주유소마다 모두 문을 닫은 상태였다. 밤늦은 시간이고, 크리스마스가 가까워서 그랬던 것 같다. 결국 휘발유가 다 떨어져서 새벽 2시경 자동차가 사막 한가운데 멈춰버렸다. 하는 수 없이 차 안에서 밤을 새웠는데 비상용으로 담요라도 가져와서 그나마 다행이었다. 차에서 내려 주위를 돌아보니, 앞뒤로는 도로밖에 보이는 게 없었고, 양옆으로는 끝없이 펼쳐진 사막뿐이었다. 5분에 한 대씩 스쳐가는 트럭만이 움직이는 유일한 것이었다.

5G를 생각하다 보니 그 당시가 생각났다. 4G 같은 경우는 사막에까지 망을 깔 필요는 없었다. 사람이 살지 않는 곳에서야 핸드폰이나 와이파이가 터지지 않아도 별 문제는 없기 때문이다. 하지만 5G는 다르다. 자율주행이 되어야 하는데, 인터넷과 연결되지 않으면 제대로 된 자율주행이 힘들기 때문이다. 인터넷이 연결되는 지역에서는 외부에서 명령을 내릴 수 있고 이를 실시간으로 확인할 수 있지만, 인터넷이 안 되는 지역에서는 사물인터넷이 되지 않기 때문에 주행 관련 정보를 받을 수 없고 '움직이는 사무공간'과 같은 기능을 활용할 수 없기 때문에 불편하다. 자율주행 운전자들 입장에서는 당연히 전 지역이 다 커버되는 망을 가진 회사를 선호할 것이다. 그래서 생각해본 것이 '스페이스 엑스'와 같이 저궤도 위성으로 5G 망을 까는 것이다. 위성을 통하면 사막이든, 산꼭대기든 사각지대는 말끔히 사라지기 때문이다.

앞에서 말한 '스페이스 엑스' 외에 아마존도 미국 정부에 통신용 위성 발사 허가를 신청하며 위성을 이용한 인터넷 경쟁에 뛰어들었다. 아마존은 미국 연방통신위원회(FCC)에 3,236기의 통신위성 발사를 신청했다. 이 프로젝트를 '프로젝트 카이퍼'라고 명명했는데, 이는 태양계 외각 소행성대인 '카이퍼 벨트(Kuiper Belt)'에서 따온 이름으로, 카이퍼 벨트에 위치한 수많은 소행성처럼 많은 위성을 쏘아 올리겠다는 제프 베조스(Jeff Bezos)의 야심에서 나온 이름이다. 그 외에 텔레셋(Telesat), 원웹(OneWeb) 등의 저궤도 위성이 있는데, 원웹은 720개, 텔레셋은 117기의 위성을 보유하고 있다. 아마존은 이미 인프라 대여 사업을 진행 중에 있다. 지금까지 흐름으로 봤을 때, 테슬라는 애플과 같이 독자적인 생태계를 만들어서 운영하려는 계획인 것 같다. 그러면 스타링크는 주로 테슬라 내부적 용도에 우선권을 둘 가능성이 크고, 아마존은 임대 위주로 운영을 할 가능성이 크다. 핸드폰 운영 시스템과 굳이 비교를 하자면, 스타링크는 애플의 iOS와 같은 운영시스템이 될 것이고, 프로젝트 카이버는 구글의 안드로이드OS와 같은 운영시스템이 될 가능성이 크다.

5G와 관련한 사고 실험 결과, 2020년 증권사들의 예측과 달리 5G 관련해서 미국에서 부품이나 장비의 수주가 생각보다 어려울 수 있다고 생각했다. 특히 광케이블, 유선을 이용한 인터넷 통신 관련 업체의 투자에는 주의를 기울일 필요가 있다. 결론적으로, 국내 수요 때문에 5G 장비주에 관심이 있는 투자자는 국내 수요를 파악해서 투자하면 된다. 하지만 만약 미국의 대규모 발주를 염두에 두고 5G 장비주에 관심을 가진다면, 선제적으로 주식 매입에 나서지 말고, 미국에서 대규모 발주가 확인된 후에 투자에 들어가는 것이 옳다. 그리고 이에 덧붙여서 무시하지 못할 변수가 있다. 화웨이는 통신장비 시장 1위의 기업이다. 만약 미국이 화웨이를 제재할 경우 우리나라 기업들이 상당한 반사이익을 취할 것이다. 이와 관련된 소식도 챙겨봐야 할 것이다.

삼성전자는
기대에 부응할까?

영화 이야기로 시작을 해보자. 영화는 촬영이 끝나면 CG(Computer Graphic) 작업을 통해 시각효과를 배가한다. 우리는 CG라고 하지만, 외국에서는 CGI(Computer Generated Image)라고 한다. CGI는 '컴퓨터에 의해 만들어진 이미지'라는 의미니까 더 적합한 표현이다. 어쨌든 우리 정부에서는 국내 CG산업을 육성하기 위해 많은 지원을 한 적이 있다.

예를 들면, 영화의 도시 부산에서는 센텀시티에 건물을 짓고 장비를 구매해 'AZ Works on the Beach'라는 CG회사를 지원했다. 광주에서도 시내에 본사를 둔 CG회사에 매달 일정금액을 지원하는 정책을 폈을 뿐만 아니라, 시 주도로 '갬코(Gamco)'라는 CG회사를 설립했다. 광주에 일자리를 공급한다는 취지였다. 독자분들이 아실지 모르지만, CG는 노동집약적 산업이어서 고용창출 효과가 꽤 크다. 하지만 이런 정책들은 다 실패했다. 특히 광주시는 갬코와 관련해서 외국 업체에 100억 원을 사기 당하는 어이없는 일도 있었다. 반대로 뉴질랜드나 캐나다의 CG지원 정책은 성공적이어서, 많은 할리우드 영화사들이 몰려왔다. 그 결과 뉴질랜드에는 웨타 디지털 (Weta Digital)이라는 세계적인 시각효과 회사가 생겨났고, 캐나다 밴쿠버에서는 할리우드 유명 스타들을 수시로 볼 수 있게 되었다. 우리와 그들의 차이점은 무엇인가?

외국 정책과 우리 정책의 차이점은 '누가 혜택을 받는가?'의 차이다. 우리 정부는 건물을 짓고, 장비를 마련해주고, 업체에 자금지원을 해주는 등 CG업체에 적극적인 지원을 했다. 반면 외국 정부는 정책의 혜택이 CG물량을 발주하는 영화사에 돌아가도록 했다.

예를 들어보자. 캐나다의 BC(British Columbia) 주에서는 영화사가 BC에 거주하는 CG작업 인력에게 지급한 돈의 17.5%를 환불해준다. 여기에 캐나다 연방정부가 추가로 16%를 환불해줘서 총 33.5%를 환불해준다. 뉴질랜드에서도 3백만 뉴질랜드 달러(환율 : 780원 수준) 이상을 뉴질랜드 CG회사에 지불하면 뉴질랜드 정부에서 15%를 영화사에 현금으로 돌려준다.

CG회사가 성장하기 위해서는 일감을 확보하는 것이 핵심이다. 외국 정부는 CG물량을 발주하는 영화사에 혜택을 주었다. 반대로 우리 정부는 물량을 수주하는 CG회사에 혜택을 주었다. 만약 독자 여러분이 할리우드 영화사라면 어느 나라에 발주를 주겠는가? 영화사에 혜택이 돌아오는 캐나다나 뉴질랜드에 발주를 하겠는가? 아니면 영화사에는 아무런 혜택도 돌아오지 않는 우리나라에 발주를 하겠는가? 답은 간단하다. 우리 정부는 고객의 입장에서 정책을 만들어야 한다는 간단한 사실도 몰랐기 때문에 실패한 것이다.

삼성전자는 2019년 4월 '반도체 비전 2030'을 선포하면서 2030년까지 133조 원을 투자해 시스템 반도체 글로벌 1위에 오르겠다고 밝혔다. 메모리 반도체 부문에서는 이미 세계 1위에 올라섰지만, 상대적으로 열세에 있는 시스템 반도체 부문에서도 1위에 오른다면 삼성전자는 명실상부한 세계 1위 반도체 기업이 되는 것이다. 시스템 반도체 중에서도 파운드리는 삼성전자가 특히 공을 들이는 분야다. 향후 주문형 반도체의 수요급증이 예상되기 때문이다. 이를 위해 삼성전자에서는 경기도 평택에 대규모 투자를 단행하고 있다. 평택을 파운드리의 전전기지로 사용하겠다는 의도다.

나는 삼성전자가 파운드리 생산라인을 평택에 구축하는 것을 보고, 앞의 CG지원과 비슷하다는 생각을 했다. 파운드리 물량을 발주하는 주요 고객들은 미국 회사들이다. 대표적인 팹리스 기업인 퀄컴과 브로드컴도 미국 회사다. 그러면 파운드리 생산라인은 당연히 미국에 세워졌어야 한다.

2018년 1월 애플이 미국에 300억 달러를 투자하겠다고 발표한 이후로 리쇼어링이 많이 추진되고 있다. 일자리 창출을 위해 리쇼어링을 할 경우 세금혜택을 부여하는 등의 제도적 유인책이 있지만, 회사 입장에서는 세금혜택보다는 혁신 기대치가 높은 선진국 고객과 가까이 있으면 그들의 요구사항을 제품에 잘 반영할 수 있다는 것이 리쇼어링의 더 큰 동기부여다. 2,000여 개 유럽 제조업체를 대상으로 설문 조사한 유럽 제조업 조사(European Manufacturing Survey)에 따르면, 기술력이 중요한 산업일수록 높은 리쇼어링 비율을 보였다. 컴퓨터, 전기장비, 항공우주 같은 분야다. 과거에는 원가절감이 이슈였지만, 지금은 기술 확보와 시장 접근성이 더 중요한 가치라는 것이다. 삼성전자가 시스템 반도체 라인을 미국에 설치하지 않은 다른 이유가 있겠지만, 그런 점에서 아쉬움이 남는다. 구글, 테슬라, 애플, 아마존 같은 미국의 공룡 IT기업들도 반도체 설계에 뛰어들고 있어 파운드리 시장은 미국을 중심으로 크게 성장할 것으로 보인다.

삼성전자는 이미 메모리 반도체 분야에서 1위다. 거시적 관점에서 보면 경제성장률이 좋지 않으면 메모리 반도체의 수요도 증가하지 않는다. 코로나19의 영향으로 경기회복이 쉽지 않은 상황이다. 따라서 당분간은 메모리 반도체의 업황은 좋지 않을 것으로 예상된다. 하지만 2021년을 섣불리 예측할 수는 없다. 내년에는 내년의 수요를 보면서 대응을 하면 된다.

두 번째는 핸드폰이다. 삼성의 기대작이었던 갤럭시 S20의 결과는 참담했다. 코로나19 때문이었다. 경기침체가 계속되는 상황에서는 핸드폰의 수요가 크게 증가하기는 쉽지 않다. 하지만 핸드폰에도 화웨이 변수가 있다. 미국에서 화웨이를 심하게 압박하면 삼성의 핸드폰이 상대적인 반사이익을 볼 것이다. 특히 화웨이와 직접 경쟁하는 유럽 시장에서 큰 혜택을 받을 것이다. 따라서 핸드폰도 국제정세와 연동해서 시장을 지켜보는 수밖에 없다. 통신장비 역시 마찬가지다. 글로벌 1위의 통신장비 업체인 화웨이가 미국의 제재를 받으면 삼성전자가 반사이익을 받을 것이다.

지금까지 말씀드린 것은 메모리 반도체나 핸드폰 모두 코로나 19로 인한 수요침체로 큰 성장은 어렵지만, 치료제나 백신의 개발로 인한 경기회복의 가능성이 있고, 화웨이 변수가 어떤 영향을 미칠지 모르므로 그때그때 상황에 따라 시장에 대응하는 수밖에 없다는 것으로 요약할 수 있다. 한마디로 하나마나한 소리다. 누구나 할 수 있는 말이다. 하지만 메모리 반도체나 핸드폰 관련해서는 이 정도로 말씀드릴 수밖에 없고, 이 글에서는 파운드리에 초점을 맞추고자 한다.

메모리 반도체나 가전은 이미 세계 1등의 위치를 차지하고 있기 때문에 괄목할 만한 성장이 어렵다. 핸드폰도 마찬가지다. 화웨이가 타격을 받는다 할지라도 애플의 아이폰에 근접하는 이익을 낼 수 있는 상황은 아니고, 또 샤오미 등 중국 업체들의 추격 역시 만만치 않기 때문에 핸드폰이 큰 모멘텀으로 작용하기는 어렵다. 현재 삼성전자 주가상승 모멘텀의 1순위 후보는 파운드리다. 파운드리의 1위 업체는 시장 점유율 50% 이상의 TSMC이고, 삼성전자는 겨우 20%에 불과하기 때문에 TSMC에 버금가는 실적을 올린다면 이것보다 더 큰 모멘텀은 없을 것이다. 증권사나 언론매체에서도 삼성전자의 파운드리가 곧 TSMC를 쫓아갈 것처럼 호들갑을 떨고 있어서 투자자들의 기대가 큰 것도 사실이다. 하지만, 결론을 미리 말씀드리자면 삼성전자의 파운드리가 TSMC를 쫓아가는 것은 어려울 것 같다.

중국과 기술전쟁을 벌이고 있는 미국은 TSMC와 삼성전자에게 미국공장을 건설하라고 요구했다. 시스템 반도체의 주요 고객은 미국 기업들인데, 아무래도 중국의 영향권에 있는 기업에 발주를 주는 것이 꺼려지는 것이다. TSMC는 미국의 요구에 부응해 아리조나주에 120억 달러를 투자해 파운드리 공장을 신설하기로 했으나, 삼성은 평택 공장을 고집하고 있다. TSMC와 삼성전자에 이어 세계 3위 업체인 '글로벌파운드리'도 미국 내에 추가 투자를 검토하고 있다('글로벌파운드리'는 이미 12nm이하는 포기했기 때문에 경쟁상대는 안 된다). 메모리 반도체와 시스템 반도체는 다르다. 메모리 반도체는 획일적 규격에 의해 생산되는 소품종 다량생산 제품이지만, 파운드리는 글자 그대로 주문형 반도체다. 많은 고객들로부터 다양한 제품을 수주 받아 다양한 제품을 생산하는 다품종 소량생산이다. 그만큼 고객과의 코디네이션(Coordination)이 중요하다. 그런데 미국에 공장이 있는 회사를 두고 굳이 평택에 발주를 줄 필요가 있을까? 더구나 시장 점유율도 높고 기술력도 뛰어난 1위 업체가 미국에 공장이 있고, 후발 업체는 멀리 있는데?

파운드리는 대표적인 장치 산업이다. 장치 산업은 고정비가 변동비에 비해 굉장히 높다. 반도체 산업은 고정비가 80%에 이른다. 즉, 제품을 많이 생산하든, 적게 생산하든 들어가는 비용은 큰 차이가 없다. 그렇기 때문에 장치 산업에서는 시장 점유율이 높은 업체가 승리하게 되어 있다. 시장 점유율이 높은 업체는 경쟁 업체에 비해 제조원가가 훨씬 낮기 때문에 가격을 낮춰 치킨게임을 할 수도 있고, 또 새로운 기술개발을 위해 연구개발비를 대량으로 투입해 계속 기술을 선도해 나갈 수도 있다. 공정 자체도 훨씬 효율적으로 운영할 수 있다.

파운드리 분야에서 다른 업체가 TSMC를 쫓아가는 것은 이미 힘든 상황이 되어버렸다. 그러기 위해서는 너무 많은 자금이 지속적으로 투입되어야 하기 때문이다. 세계 3위의 파운드리 업체인 '글로벌 파운드리'도 이런 이유로 경쟁을 포기했다. 그나마 삼성전자이기에 TSMC에 도전할 수 있는 것이다. 메모리 반도체에서 벌어들이는 어마어마한 이익을 파운드리에 쏟아부을 수 있는 여력이 되기 때문이다. 이는 다시 말하자면 메모리 반도체에서 벌어들이는 이익을 파운드리에 쏟아붓기 때문에 파운드리가 경쟁력을 유지한다는 것과 같은 의미다. 삼성전자는 2030년까지 133조 원을 투자하겠다고 했다. 그런데 삼성전자의 2020년 상반기 파운드리 영업이익은 4,000억 원에도 못 미친다. 133조 원을 쏟아부어 반기에 4,000억 원의 이익을 낸다는 것은 미미한 수준이다. 이에 반해 TSMC의 금년 상반기 영업이익은 10조 원 수준이다. 경쟁사 대비 원가가 높아서 이윤은 보잘것없는데 투자만 많이 들어가는 비효율적인 투자가 될 가능성이 있다. 이를 염려하는 것이다.

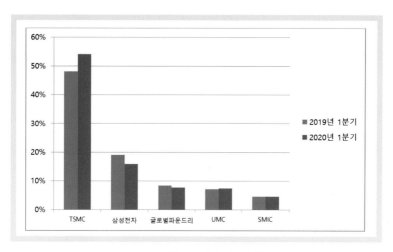

자료 4-1. 파운드리 5개사 시장 점유율

출처 : 트렌드포스

최근에 인텔이 7nm 초미세공정 반도체 생산을 삼성전자에 위탁할 가능성이 있다고 해 삼성전자의 주가가 상승했다. 하지만 인텔의 선택은 TSMC가 생산 능력이 모자라기 때문에 삼성전자를 선택했다는 관점에서 봐야 하는 것이지, TSMC를 제치고 삼성전자에 능동적으로 발주를 하는 상황은 아니다. 만약 TSMC에 충분한 생산능력이 있다면 TSMC에 우선순위를 뒀을 물량이다. 애플이 이제는 CPU를 직접 설계하고 생산하기로 방침을 굳힌 후, TSMC는 생산능력 중 일부를 애플에 할당해야 하는 상황이고, 그래서 다른 대안이 없는 팹리스 업체들이 삼성전자에 접근했다고 보는 관점이 옳다. TSMC와 삼성전자의 격차가 이미 크게 벌어진 상황인데, 삼성에서는 평택공장을 고집하는 것을 보면 격차를 좁히려는 노력도 들이지 않는 느낌이다.

배터리 회사들은
장기 투자에 적합할까?

2020년 가장 뜨거운 섹터 중 배터리를 빼놓을 수 없다. LG화학과 삼성SDI와 SK이노베이션이 전기차용 배터리를 만드는 회사들이다. 우리나라 3사는 일본과 중국의 배터리 제조사들과 세계 시장에서 경쟁을 벌이고 있다.

순위	업체명	2019년 시장 점유율	2020년 시장 점유율
1	LG화학	10.8%	24.2%
2	CATL	24.9%	21.4%
3	파나소닉	20.9%	6.4%
4	삼성SDI	3.7%	6.4%
5	BYD	14.9%	6.0%
6	AESC	3.6%	4.4%
7	SK이노베이션	2.0%	4.1%
8	PEVE	2.1%	2.2%
9	CALB	1.0%	1.5%

순위	업체명	2019년 시장 점유율	2020년 시장 점유율
10	궈쉬안	3.0%	1.4%
	기타	13.1%	6.0%
	합계	100%	100%

자료 4-2. 2019~2020년 전기차용 배터리 업체 시장 점유율

출처 : 2020년 7월 global EVs and Battery Shipment Tracker, SNE리서치

시장 조사기관인 SNE리서치에 따르면 글로벌 전기차 배터리 공급량은 2019년 326GWh로 수요 예측치인 190GWh를 넘어서고 있지만, 2023년에는 수요 예측량이 916GWh로 공급량 776GWh를 넘어서 배터리 물량이 부족할 것이라고 한다. 2025년 배터리 시장 규모는 1,670억 달러로 1,500억 달러 규모의 메모리 반도체 시장을 넘어서 한국 경제의 '포스트 반도체' 역할을 할 것으로 기대하고 있다. 수주도 넘쳐나서 LG화학의 경우 배터리 수주 잔고만 150조 원에 이르는 것으로 알려지고 있다. 이와 같은 이유로 배터리 제조사들이 미래의 성장성을 높게 평가 받아 높은 주가상승률을 보이고 있다.

순위	업체명	2019년 시장 점유율	2020년 시장 점유율
1	테슬라	12.5%	17.7%
2	BMW	5.7%	7.0%
3	BYD	12.9%	5.2%
4	폭스바겐	1.7%	4.3%
5	르노	2.7%	4.1%

순위	업체명	2019년 시장 점유율	2020년 시장 점유율
6	현대	3.0%	3.7%
7	기아	2.4%	3.5%
8	아우디	0.8%	3.4%
9	볼보	2.0%	3.4%
10	닛산	3.8%	3.4%
	기타	52.5%	44.2%
	합계	100%	100%

자료 4-3. 2019~2020년 전기차 브랜드 순위

출처 : 2020년 7월 Global EVs and Battery Shipment Tracker, SNE리서치

하지만 배터리 시장은 생각보다 훨씬 복잡한 양상으로 진행되고 있다. 현재는 테슬라와 CATL, LG화학이 배터리 시장을 주도하고 있으며 공장 증설에도 적극적인 회사들이다. 테슬라는 네바다의 '기가팩토리'에서 배터리셀을 생산 중이며(생산 능력에 대해서는 여러 추정이 있음), 독일 베를린의 기가팩토리에서도 배터리를 생산할 계획이다. 테슬라는 향후에도 적극적으로 배터리셀 생산량을 늘려나가 내재화는 물론, 타사에까지 배터리를 공급할 계획이다.

현재 테슬라와 LG화학의 주도하는 배터리는 리튬이온전지다. 이 주도권에서 비켜 있는 업체들이 폭스바겐, 파나소닉, 삼성SDI 등이다. 이 업체들은 리튬이온전지의 한계를 인정하고, 2025년 이후에 상용화 될 전고체 배터리의 개발을 앞당기는 데 주력하고 있다. 리튬이온전지는 전압을 높이면 폭발할 우려가 있고, 그렇기 때문에 500km 정도가 주행거리의 한계다. 이 정도의 주행거리로는 전기

차가 일정 수준까지는 보급될 수 있겠지만, 내연기관차를 교체하는 대세로까지 이어지기는 어렵다는 생각에 바탕을 두고 있다. 또한 리튬이온전지로는 충분한 마진의 확보가 어려워 사업성이 떨어진다고 판단하고 있다. LG화학도 테슬라에 공급하는 배터리가 큰 수익을 내지 못한다고 스스로 밝힌 적 있다. 그래서 삼성SDI나 파나소닉은 리튬이온전지 배터리 공장 증설에 부정적 입장이다. 파나소닉도 이와 같은 이유로 최근 2년간 공장증설을 하지 않았으며, 테슬라가 향후 건설하는 기가팩토리에는 참여하지 않겠다고 선언했다.

현재 전고체 기술이 가장 앞선 업체는 파나소닉과 토요타 연합이다. 이 두 회사는 합작해 'Prime Planet Energy and Solutions'라는 배터리 회사를 설립했으며, 2022년부터 전고체 배터리를 시험 생산한다는 목표를 세우고 있다. 파나소닉과 토요타는 2020년 동경 하계올림픽에서 전고체 배터리 차량을 선보일 예정이었는데, 올림픽이 연기되는 바람에 기회가 없었다고 한다. 한국에서는 삼성SDI가 가장 앞서가고 있다. 전고체 배터리는 세계 1위 MLCC기업인 무라타공작소에서 만들어 현재에도 사용 중이나 소형이어서 큰 의미는 없고, 실질적 의미가 있는 것은 핸드폰 배터리다. 그런데 삼성SDI가 핸드폰 배터리에 상당한 노하우가 있기 때문에 자동차용 전고체 배터리 기술에서도 국내의 타 업체를 앞서가는 것이다. 삼성SDI는 2027년까지 전고체 배터리를 상용화하겠다고 공식적으로 밝혔다. 폭스바겐도 스탠포드 대학교 연구팀으로 시작된 '퀀텀스케이프'에 2억 달러를 투자해 전고체 배터리를 2025년부터 양산할 것임을 알렸다. 중국도 만만한 상대가 아니다. 중국 칭다오에너지디벨로프 먼트는 2018년 11월 10억 위안을 투자해 장쑤성에 전고체 배터리 양산을 위한 생산라인 구축에 들어갔다. 물론 이 공장은 양산수준 에는 부족하지만 전고체 배터리 개발을 향한 중국의 기술과 의지를 알 수 있다.

이런 이유로 정의선 현대차 부회장이 LG의 구광모 회장과 SK의 최태원 회장을 만났을 때는 현재 진행 중인 배터리 양산과 관련된 협의를 했고, 삼성의 이재용 부회장을 만났을 때는 차세대 전고체 배터리에 대한 협의를 한 것으로 언론에 알려졌다.

굳이 전고체가 아니더라도 중국은 충분히 위협적이다. 중국의 CATL은 테슬라와 '100만 마일 반영구 배터리'를 공동 개발해 이르 면 2020년 말 중국에서 생산하는 '모델3'에 탑재한 후 순차적으로 다른 모델에도 적용할 계획이다. 값비싼 코발트를 극단적으로 줄인 대신 에너지 밀도를 높이기 위해 화학첨가물이나 코팅제를 사용한 것으로 알려지고 있다.

테슬라나 LG화학 진영은 전고체 기술개발에서 타 경쟁사에 비 해 뒤처지고 있는데, 이 업체들은 현재 리튬이온 배터리로도 주행 거리 확보가 어느 정도 가능하기 때문에, 자사가 차세대 배터리를 개발하기 전까지는 현재의 공장을 최대로 활용해 원가절감을 통한 영업이익 확보에 우선순위를 두고 있는 것으로 보인다.

하지만 내가 운전자라면 전고체 배터리가 탑재된 차량만 구매할 것 같다. 액체 배터리는 폭발의 위험성이 항상 존재하기 때문이다.

2020년 2월에도 리튬이온 배터리를 장착한 포르쉐의 타이칸이 충전 중에 폭발하는 사고가 있었다. 특히 전기차가 다른 차량이나 물체와 충돌할 경우 배터리가 뜨거워지면서 수 초 안에 폭발이 일어날 가능성이 크며, 2020년 7월에도 중국의 BYD가 스포츠카와 충돌한 후 곧바로 불길에 휩싸인 적 있다. 심지어는 리튬이온 스마트폰 배터리도 폭발하는데(과거 아이폰이나 갤럭시 배터리의 폭발), 자동차용 배터리가 안전하다고 할 수는 없다. 그래서 배터리의 방향은 무조건 전고체로 가야 한다. 그 전까지는 전기차의 성장에 한계가 있을 것이다. 전고체 배터리가 개발된 후에야 비로소 본격적인 전기차 시장이 펼쳐질 것이다. 만약 테슬라나 LG화학 진영이 전고체 배터리 기술에서 뒤처질 경우 전기차 시장에서 도태됨은 물론, 주도권을 영원히 상실하는 결과를 가져올 수 있다. 그만큼 전고체 배터리는 전기차 시장의 핵심이다.

내가 관심 있게 지켜보는 회사는 파나소닉이다. 전문가들은 전고체 배터리가 2025년 이전에는 상용화가 어려울 것이라는 의견이다. 하지만 이는 외부인의 의견일 뿐이다. 전고체 배터리 개발이 어느 정도 진척이 되었는지 가장 잘 아는 당사자는 이 분야의 리딩업체인 파나소닉의 내부인이다. 파나소닉은 2년 전부터 리튬이온전지 공장도 증설하지 않고, 테슬라에 독점적으로 납품하던 물량도 포기하고 오로지 전고체 배터리 개발에 주력하고 있다. 그만큼 전고체 배터리의 개발이 가까웠다는 의미라고 생각한다. 그렇기 때문에 2~3년 후 배터리 시장이 어디로 향할지는 오리무중이라고 할 수밖에 없다. 만약 2~3년 이내에 파나소닉이 전고체 배터리를 개발하면, 배터리 패권은 일단 파나소닉으로 넘어간다. 우리나라에서 삼성 SDI가 전고체 배터리를 개발하면, 국내 업체의 패권은 삼성SDI로 넘어간다. 그렇기 때문에 향후 배터리 시장에서 누가 주도권을 잡을지는 아직 알 수 없다.

그런 관점에서 나는 배터리 관련 주의 투자는 향후 시장의 판도를 확인한 후 투자에 들어갈 계획이다. 여기서 말하고 싶은 것은 장기 투자에 관한 것이다. 단기적으로는 전기차 시장 도래에 따른 배터리 산업에 대한 기대감, 리튬이온 배터리에 대한 파나소닉의 무관심에 의한 국내 업체의 반사이익 등 여러 가지 모멘텀으로 상승을 할 수는 있다. 하지만 배터리 업체들이 삼성전자와 같이 장기적으로 꾸준히 우상향하리라는 기대를 하기에는 그 길을 막고 있는 허들이 너무 높아 보인다. 만약 파나소닉에서 전고체 배터리 개발에 확실한 진전을 보이는 트리거가 나온다면 그때가 장기 투자를 위한 매수를 고려해볼 시점일 것이다.

OS를 지배하는 자가
자동차를 지배한다

피처폰 시대에는 핸드폰 제조사가 사양을 결정했고, 소비자는 제조사가 정해준 사양 내에서만 필요한 기능을 사용할 수 있었다. 하지만 애플의 아이폰이 나오면서 소비자가 앱(App)을 통해 자신의 취향에 맞는 다양한 서비스를 선택할 수 있게 되었다. 게임을 예로 들자면, 피처폰에는 핸드폰 제조사가 심어놓은 게임이 3~4개 정도 있었고, 소비자는 이 게임들만 즐길 수 있었다. 하지만 스마트폰이 발달하면서 소비자들은 수만 개의 게임 중에서 자신의 취향에 맞는 게임을 다운받아 즐기면 되는 새로운 시대로 접어들었다.

자동차도 피처폰에서 스마트폰으로 변화한 핸드폰의 전철을 밟아 갈 가능성이 농후하다. 지금까지는 자동차가 어떤 주행 성능을 가지고, 어떤 기능을 보유하는지를 자동차회사가 결정했지만, 향후에는 소비자가 이를 결정하는 시대가 올 것이다. 내연기관 자동차는 컨베이어 시스템을 통해 복잡한 조립과정을 단계별로 수행해나

가는 데 반해 전기차의 생산과정은 모듈 형태의 부품들을 끼워 맞춰 완성하는 식이다. 즉, 규모의 경제가 중요한 것은 아니므로, 삼보컴퓨터와 같은 대형 PC 메이커 외에도 청계천에서 PC를 소규모로 조립하는 업체들이 있었듯, 자동차도 대형 제조사 외에 소량을 주문형으로 제작하는 회사들이 생겨날 수 있다.

그리고 스마트폰 산업의 핵심은 하드웨어가 아닌 OS(operating system)이듯, 자동차 산업 역시 OS가 모든 것을 지배하는 시장으로 갈 가능성이 크다. 그런 면에서 향후 자동차 시장은 AI 기술력을 확보한 구글이나 테슬라에게 유리한 게임이 될 것이다. 즉, 핸드폰의 안드로이드 OS 시장과 같이 미래 자동차 산업도 자율주행 OS가 일종의 플랫폼이 될 것이고, 이를 기반으로 해서 자동차의 하드웨어와 소프트웨어가 결합된 후, OS를 통해 다양한 서비스의 응용프로그램들이 구현될 것이다. 핸드폰을 사면 필수 프로그램들이 깔려 있고, 그 외에 필요한 서비스는 사용자의 취향에 따라 앱을 통해 다운받는다. 자동차 역시 자율주행 OS와 필수 기능만 깔려 있고, 그 외에 필요한 기능은 OS를 통해 다운받는 방식이 될 것이다.

예를 들면, 자동차가 출발할 때 오토바이 소리를 선호하는 소비자라면 그런 서비스를 다운받으면 되고, 스포츠카와 같은 속도감을 원하면 그런 소프트웨어를 깔아서 전체 서비스를 완성하는 식이다. 이렇게 될 경우 자동차 산업의 우두머리는 자율주행 플랫폼을 만드는 회사가 될 것이고, 대부분의 부가가치도 이들이 창출해낼 것이다. 기존 자동차 제조사들은 그저 자동차를 조립하는 하청업체 비숫한 수준으로 전락할 수도 있다. 핸드폰에 있어서 모든 설계는 애플이 하고, 폭스콘은 하청을 받아 핸드폰을 조립하는 그런 방식 말이다.

현대차가 향후 자동차 산업에서 어떤 입지를 차지할지는 아직은 모른다. 내연 기관차에서는 현대차가 독일의 다임러나 BMW의 엔진기술을 뛰어넘지 못해 최고급 사양의 자동차를 만들지 못했다. 하지만 전기차는 다르다. 배터리의 기술 향상과 디자인이 가장 중요한 요소인데, 현대차는 이 부분에서는 독일 자동차에 뒤지지 않는다. 하지만 이는 하드웨어적인 요소가 그렇다는 의미다. 이보다 더 중요한 것은, 현대차가 향후 OS를 지배하는 플랫폼 회사로 갈 것인지, 아니면 구글 등에서 개발한 OS에 종속되어 그저 훌륭한 하드웨어를 만드는 자동차 조립 회사로 갈 것인지의 방향성이다. 그래서 지금은 경영진의 능력이 굉장히 중요해지는 시점이다.

향후 2~3년이 현대차에 있어서는 매우 중요한 시기가 될 것이다. '전기차일까? 아니면 수소차일까?'와 같은 요소는 지엽적이다. 일단 내연기관에서 탈피하는 쪽으로 방향을 틀었다는 데는 이견이 없다. 그러면 내부인력 중 40% 정도는 향후 유휴인력이 될 것이다. '과연 현대차가 유휴인력들을 말끔하게 정리할 수 있을지?', '전기차는 내연기관에 비해 40% 정도 부품이 줄어드는데 이와 관련된 협력업체들은 말끔하게 정리할 수 있을지?' 현대차가 이런 문제를 잘 해결할 수 있을지에 대한 의심이 드는 것은 사실이다. 또한 '하드웨어만 만드는 회사가 될 것인지?', '자율주행 OS를 성공적으로 운영하는 플랫폼 회사로 도약할 수 있을 것인지?' 이런 것까지 판단하기는 아직 이르다. 현대차가 전기차를 멋진 디자인과 훌륭한 스펙으로 잘 만들 것이다. 이것을 의심하지는 않는다. 이런 모멘텀으로 현대차가 상승을 할 수 있다. 하지만 장기적으로 꾸준히 주가가 오르기 위해서는 훌륭한 OS를 가진 플랫폼 회사가 되어야 한다. 장기 투자는 이런 방향성이 결정된 후에 생각해볼 문제다.

미래 자동차 분야에서 가장 주목해야 하는 업체는 애플이다. 애플은 핸드폰에서 OS와 하드웨어를 성공적으로 결합한 유일한 회사다. 하드웨어와 소프트웨어의 결합을 최적화시키는 애플의 능력은 자동차 산업에서도 발휘될 것이다. 자동차 하드웨어는 소프트웨어를 통해 안정적으로 제어되는 것이 안전을 위해 무엇보다도 중요한데, 이것을 애플만큼 잘 할 수 있는 회사는 없다고 해도 과언이 아니다.

넷플릭스의
한계

앞에서 넷플릭스의 CEO 교체에 대해 염려를 표현했는데, 이에 대해 좀 더 이야기해보자. 넷플릭스가 장악하고 있는 OTT 분야에 여러 쟁쟁한 업체들이 뛰어들고 있다. '월트 디즈니', AT&T 산하의 '워너 미디어', 그리고 '애플' 등이다. 그중에서 가장 위협적인 매체는 월트 디즈니가 새로 런칭한 '디즈니플러스'다.

디즈니가 어떤 회사인가? 10년간 전 세계 극장가를 뜨겁게 달궜던 〈어벤져스〉 시리즈의 대미를 장식하는 〈어벤져스 : 앤드 게임〉, 20년 만에 뜨겁게 부활한 〈알라딘〉, 애니메이션으로는 우리나라 최초로 1,000만 관객을 돌파한 〈겨울왕국〉의 속편 등이 모두 디즈니가 2019년에 선보인 작품들이다. 디즈니는 그야말로 콘텐츠의 제왕이다. 양(量)과 질(質)에서 감히 누구도 대적할 상대가 없다. 미국 최대의 공중파인 'ABC방송국', 3D 애니메이션의 신기원을 이룩한 '픽사 스튜디오', 지구인들이 사랑하는 캐릭터들의 집합소인 '마블 스튜디오', 〈스타워즈 시리즈〉의 제작사인 '루카스 필름', 인기 스포츠 채널인 'ESPN'이 모두 디즈니 산하에 있다. 2018년에는 메이저 스튜디오 중 하나인 '21세기 폭스'의 영화 및 TV사업까지 인수했다. 이러한 디즈니가 OTT 서비스를 런칭한다는 것은 넷플릭스에게는 굉장한 위협이다. 아마도 해스팅스가 이러한 사태를 예견했기 때문에 오리지널 콘텐츠를 점진적으로 확대해온 듯하다. 디즈니플러스에 비해 넷플릭스가 한계를 보이는 약점은 무엇일까? 물론 콘텐츠다.

첫째, 디즈니 산하의 영화 스튜디오와 TV 방송국 등에서 수십 년간 생산되어 누적된 압도적 콘텐츠 파워를 넷플릭스가 단시간에 극복하는 것은 불가능하다.

둘째, 넷플릭스가 향후에도 압도적인 킬러 콘텐츠를 만들 가능성은 없다. 만들고 보니 재미있어서 사람들이 많이 관람하는 것은 킬러 콘텐츠가 될 수 없다. 킬러 콘텐츠가 되기 위해서는, 그 콘텐츠가 오픈되기 전에 기대감이 최고조에 올라야 한다. 이런 콘텐츠들은 팬덤이 형성되어 가입자의 실질적 증가로 연결된다. 킬러 콘텐츠가 되기에 가장 적합한 조건은 이미 알려진 캐릭터를 기반으로 하거나, 또는 초대형 베스트셀러를 기반으로 하는 것이다. 예를 들면, '아이언맨' 캐릭터를 기반으로 영화를 만든다거나, 또는 '해리포터 시리즈'로 영화를 만드는 것이다. 하지만 넷플릭스는 두 가지 모두 디즈니에 뒤질 수밖에 없다. 디즈니는 이미 확보하고 있는 여러 캐릭터들을 이용해서 시리즈를 만들 수 있다. 예를 들면 '아이언맨'

캐릭터다. 내가 아주 어렸을 적에 매주 한 번씩 방영되었던 〈600만 불의 사나이〉나 〈원더우먼〉이 굉장한 인기를 끌었는데, 아이언맨의 캐릭터를 이용해 이러한 시리즈물을 개발할 수 있는 것이다.

시리즈명	출시 일정
〈팔콘 앤 윈터솔저〉	2020년 가을
〈로키〉	2021년 봄
〈완다비전〉	2021년 봄
〈호크아이〉	2021년 가을

자료 4-4. 디즈니플러스의 마블 오리지널 시리즈 출시 일정

베스트셀러도 마찬가지다. 《해리포터》나 《트와일라잇》과 같은 세계적 베스트셀러들은 작가들에게 많은 금전적 보상을 해줘야 판권을 확보할 수 있다. 디즈니나 워너 미디어는 일단 영화로 만들어 극장 개봉을 하면 수천억 원의 수입이 보장되기 때문에 작가에게 제대로 된 보상을 할 수 있다.

셋째, 배우도 관객들이 콘텐츠를 찾는 주된 이유다. 영화나 드라마에 어떤 배우가 나오는지에 따라 영화나 드라마의 성패가 결정된다. 세계적인 배우들이 나오는 영화를 관객들이 손꼽아 기다리는 것도 배우를 보기 위해서다. 하지만 관객들의 선호도가 압도적인 톱클래스 배우들은 TV출연을 하지 않는다. 우리나라만 봐도 하정우나 송강호 같은 배우들은 TV에 모습을 보이지 않는다. 본인이 직접 제작을 한다든지 하는 특별한 사정이 있는 경우를 제외하고는

당연히 넷플릭스 오리지널에도 출연하지 않는다. 따라서 오로지 콘텐츠만으로 승부를 해야 하는 넷플릭스의 콘텐츠는 파워가 떨어진다. 넷플릭스 오리지널은 배우에게도 원하는 금액을 지불할 수 없다. 내가 과거 할리우드에서 영화제작 관련 조니 뎁(Johnny Depp)의 매니저를 만났는데, 그는 영화 한 편에 2,000만 달러(약 240억)를 받으며, 촬영기간은 딱 3개월을 준다는 말을 한 적 있다.

스티븐 스필버그(Steven Spielberg) 감독이 한창 전성기 때 만든 〈라이언 일병 구하기〉 영화에는 그 당시 최고 배우인 톰 행크스가 출연했다. 스필버그 감독과 톰 행크스는 연출료/출연료 외에 각각 매출액의 20%가 인센티브였는데, 이런 방식은 톱클래스 배우와 감독에게는 보편적이다. 만약 〈라이언 일병 구하기〉의 매출이 1조 원이라면, 스필버그와 톰 행크스가 각각 2,000억 원씩 가져간 후, 나머지 6,000억 원에서 투자자가 원금과 이자를 회수하고 남은 돈이 비로소 이익금이 되는 것이다. 우리나라 배우들은 인센티브가 순이익의 몇 %인 데 반해, 할리우드 배우들은 매출의 몇 %로 계약을 맺는다. 그래서 이들을 '그로스 플레이어(Gross player)'라고 한다. 순이익(Net)이 아니라 매출(Gross) 기준으로 인센티브를 산출하기 때문이다. 넷플릭스가 이런 배우들과 함께 오리지널 콘텐츠를 만드는 것은 특별한 이유가 있는 경우를 제외하고는 어렵다고 봐야 한다. 정리하면, 넷플릭스가 만드는 콘텐츠는 디즈니플러스가 만들 수 있지만, 디즈니가 만드는 컨텐츠는 넷플릭스가 만들 수 없다.

앞에서 말한 둘째, 셋째의 경우는 지엽적인 문제라고 여길 수 있다. 일견 맞는 말이다. 넷플릭스의 정책 자체가 재미있는 콘텐츠를 저렴하게 다량으로 만드는 것이라면 그렇게 생각할 수 있다. 하지만 익숙한 캐릭터, 익숙한 이야기, 익숙한 배우, 익숙한 감독의 콘텐츠에 열광하는 사람들이 의외로 많다. 좋은 회사는 전환비용이 커야 한다. 예를 들면, A라는 회사의 서비스를 경쟁 업체인 B회사의 서비스로 바꾸는 데 전환비용이 많이 들어간다면, 이것이 A회사의 입장에서는 해자 역할을 하기 때문이다. 과거 번호이동 서비스가 없었을 때, 이동통신 회사를 바꾸려면 전환비용이 많이 들어갔다. 그래서 한번 이동통신 회사에 가입하면 그 회사를 계속 사용했다. 넷플릭스도 전환비용이 없다고 할 수는 없지만 크다고 할 수도 없다. 문제는 앞의 킬러 콘텐츠들은 소비자들이 전환비용을 감수하고서라도 플랫폼을 바꿀 만한 충분한 힘을 가지고 있다는 것이다.

앞의 둘째와 셋째 경우가 지엽적이라면, 다음 넷째와 다섯째는 보다 근본적인 것들이다.

넷째, 콘텐츠의 제작비용이다. 디즈니플러스는 이미 보유하고 있는 콘텐츠가 많이 있고, 향후에도 계열사로부터 콘텐츠를 계속 공급받기 때문에 오리지널 콘텐츠의 제작비용이 크지 않다. 반면 넷플릭스는 이들과 경쟁하기 위해 계속 천문학적인 콘텐츠 제작비용을 지출해야 한다. 넷플릭스는 2019년에 오리지널 콘텐츠 제작을 위해 153억 달러를 사용했다. 원화로 환산하면 약 18조 원이다. 이러한 비용은 향후에도 꾸준히 증가할 것이다.

반면 디즈니플러스는 오리지널 콘텐츠 비용으로 2020년 10억 달러(1조 3,000억 원)를 지출할 계획이고, 콘텐츠 라이선스를 위해 15억 달러(1조 8,000억 원)를 지출할 계획이다. 콘텐츠 제작비용의 차이는 플랫폼의 경쟁력 차이로 연결된다. 디즈니플러스는 초기 가입비용이 월 6.99달러로 넷플릭스에 비해 많이 저렴하다. 디즈니플러스가 원가우위에 있는 것이다. 그렇기 때문에 디즈니플러스는 넷플릭스에 비해 저렴한 구독료로도 수익을 낼 수 있다. 투자자들이 두 회사의 플랫폼을 오로지 구독자 수로만 따지는 경향이 있는데, 어느 플랫폼이 더 경쟁력이 있는지는 원가의 구조에서 결판날 가능성이 크다.

다섯째, 배당의 문제다. 성장주들은 배당을 잘 하지 않는다고 앞에서 설명했다. 성장을 하기 위해서는 시설 투자가 늘어나고, 인건비가 증가해 배당을 할 여력이 없지만, 성장을 한 후에는 많은 배당을 하리라는 기대 때문에 투자자들이 인내한다고 했다. SK텔레콤도 과거 성장주였다가 지금은 고배당주로 바뀐 것도 이와 같은 이유 때문이다. 하지만 넷플릭스는 배당이 어려운 구조다. 넷플릭스는 끝없이 투자를 해야 한다. 그것도 점점 더 많이 투자를 해야 한다. 현재 넷플릭스 가입자 수가 전 세계에 약 2억 명인데, 실제로는 3억 명 가까이 시청을 한다. 그럼에도 불구하고 배당을 할 여력이 없다면 도대체 가입자가 얼마나 더 늘어야 배당을 할 수 있다는 것일까? 개인 투자자들이 받을 수 있는 혜택은 사실상 배당이고, 주가가 오르는 것도 향후 회사가 성장해서 높은 배당을 줄 것이라는 기대 때문이다. 만약 배당에 희망이 없다면 소액 투자자에게는 아무런 의미가 없는 주식이다. 투자자들이 이를 느끼는 순간, 넷플릭스에서 썰물처럼 빠져나갈 가능성이 크다.

현재 넷플릭스의 시가총액은 2,000억 달러 수준이다. 월트 디즈니의 시가총액도 넷플릭스와 비슷하다. 넷플릭스의 가입자 수는 2억 명인데, 디즈니플러스의 가입자 수는 6,000만 명 수준이다. 2024년 이전에 디즈니플러스의 가입자 수는 2억 명을 돌파할 것으로 예측되며, 넷플릭스와 디즈니플러스의 가입자 수는 점점 좁혀져서 향후 비슷해질 것이다. 가입자 수가 비슷하면 원가경쟁력에서 우위에 있는 디즈니플러스의 가치가 훨씬 높아진다. 월트 디즈니에 있어 디즈니플러스는 포트폴리오의 일부분에 불과하다. 전 세계 주요 도시마다 자리 잡고 수익성 높은 디즈니 테마파크, 산하의 굵직한 영화사와 스튜디오, ABC방송국을 비롯한 여러 방송 채널 등이 모두 디즈니의 자산이다. 시간이 갈수록 넷플릭스보다는 월트 디즈니 쪽으로 승부의 추가 기울 가능성이 크다.

이상이 5G와 삼성전자, 배터리 업체들과 현대차, 그리고 넷플릭스에 대한 내 나름의 '사고 실험' 결과다. 그 분야에 정통한 사람이 보면 사고의 전개가 허술하다고 할 수도 있을 것이다. 하지만 어떤 종목을 부정적으로 보는 것에 대해서는 비교적 관대하게 생각하면 된다. 안 사면 본전이기 때문이다. 조지 소로스(George Soros)는 투자를 할 때 끊임없이 자신이 세운 최초의 가설이 틀렸음을 입증하는 사례들을 찾아내기 위해 노력한다고 한다. 사람들은 어떤 주식을 투자할 때, 그 주식에 투자해야 할 이유를 찾기 위해 노력한다. 하지만 어떤 주식에 투자하지 말아야 할 이유를 찾는 것이 더 중요하다. 소로스가 자신의 가설이 틀렸음을 입증하려고 노력했듯, '사고 실험'은 내가 관심을 가지는 종목군, 또는 애널리스트들이 추천하고, 시장에서 관심을 가지는 종목군에 투자하지 말아야 할 이유를 찾는 방법으로 유용하다. 여기서 내가 이야기하려는 것은 어떤 종목이 좋다, 나쁘다가 아니다. 당연히 추천도 아니다. 혼자서 이런 식의 '사고 실험'을 하다 보면 섹터나 기업에 대한 정리가 되고, 의사결정에 큰 도움이 된다는 관점에서 이해해주기 바란다.

5장

내가 선택한
2019년의 승부주

하이트진로
- 싹3 신제품의 힘!

2019년 나의 최선호 승부주는 '하이트진로'였다. 하이트진로가 테라맥주를 출시하기 이전에는 '카카오'나 '네이버' 등 플랫폼 주식에 승부를 걸 생각도 하고 있었다. 우리나라에도 플랫폼 열풍이 더욱 거세질 것으로 생각했기 때문이다.

하지만 나는 '테라맥주' 출시 후 '하이트진로'를 최선호 승부주로 선택했다. 상방은 어느 종목이 더 열려 있는지 모르겠지만, 하방은 '하이트진로'가 확실히 안전하다고 생각했기 때문이다. 즉, '하이트진로'는 최악의 경우라도 주가가 더 떨어지기 어려운 상황이라고 판단해서 비중을 많이 실어도 걱정 없는 종목이었다. '켈리의 법칙'[3]에 의하면 '투자 비중'은 '수익 날 확률'의 변수이지 '크게 오를

---

3. 켈리의 법칙 : X=(2×P)−1, 여기서 'X : 비중, P : 수익 날 확률'이다.

확률'의 변수는 아니다. '하이트진로'를 선택해 매수를 시작한 시점은 2019년 3월 29일이었다. 주당 18,600원 수준이었다. '하이트진로'를 매수하게 된 트리거(Trigger)는 '테라맥주'의 출시였다. 왜 하이트진로였는지에 대한 나의 결정에 대해 다음과 같이 설명을 하고자 한다.

진로그룹은 과다한 부채를 견디다 못해 1997년에 부도가 났다. 진로는 본래 주류 중심의 초우량기업이었지만, 문제는 1988년 장진호 회장 취임 이후 추진된 사업다각화였다. 본업인 주류 관련 사업은 영업이 잘 되어서 큰돈을 벌었지만, 화장품, 도소매, 건설, 금융, 엔지니어링, 광고 등 문어발식으로 펼쳐진 계열사들의 실적이 부진해 그룹 전체가 유동성 위기에 처한 것이었다. 더구나 그 당시는 국가경제가 파탄 나서 IMF로부터 구제금융을 받게 된 시기였으니 자금을 구하기도 하늘의 별 따기였다. 모두들 잘 알고 있는 '카스맥주'도 원래는 진로그룹에서 탄생했다. 진로그룹이 미국의 쿠어스맥주와 합작해 '진로쿠어스맥주㈜'를 설립해 카스맥주를 출시했는데, 이미 사세가 기울어진 상태이다 보니 카스맥주는 시장에서 제대로 알려지지도 못한 상태에서 부도가 났다. 진로그룹은 1997년 9월 7일에 법원에 화의를 신청해, 1998년에 법원의 인가를 받았지만 문제는 '골드만삭스'였다.

진로는 외자를 유치해 그룹을 살리기 위해 골드만삭스에 재정자문을 맡겼다. 재정자문을 해주겠다고 골드만삭스가 접근했다는 표현이 더 옳을지도 모른다. 어쨌든, 골드만삭스는 자문 자격으로 진로의 내부 자료를 소상히 볼 수가 있었다. 내부 자료를 분석해본 결과, 진로의 주류 부문은 매우 건실해 소생 가능성이 충분하다는 것을 인지하게 되었다. 그래서 골드만삭스는 앞으로는 재정자문을 하면서 뒤로는 은밀하게 진로의 채권을 헐값에 사들였다. 진로의 채권을 사들여도 자금 회수에는 전혀 문제가 없을 것이라는 계산을 했던 것이다. 그러고는 채권자의 자격으로 진로를 상대로 청산소송을 냈다. 골드만삭스가 진로그룹 장진호 회장의 뒤통수를 친 것이다. 이것이 골드만삭스가 2,700억 원이라는 터무니없는 헐값으로 진로를 인수할 수 있게 된 과정이다. 그 뒤 수년이 지난 2005년에 진로소주를 하이트맥주에 3조 4,000억 원에 매각했다. 골드만삭스는 이렇게 단기간에 3조 1,300억 원을 벌었는데, 수익률이 무려 1,150%였다. 하지만 반대로 우리의 국부는 그렇게 해외로 유출된 셈이었다.

나는 한때 유튜브에서 '영화인의 사회일면'이라는 채널을 운영했다. 2019년 11월 중순경 28,000원 수준의 하이트진로의 주가가 3년 이내에 96,000원에 이를 것이라는 동영상을 올렸는데, 그 영상을 요약 정리해보겠다.

내가 관심을 가졌던 것은 3조 4,000억 원이라는 진로소주의 인수가격이었다. 2019년 3월 현재, 하이트진로의 시가총액은 1조 2,000억 수준이었다. 맥주사업이 수년간 적자를 면치 못해 소주사업의 실적을 갉아먹고 있었고, 부채 또한 많았으므로 1조 2,000억 원의 시가총액은 이해할 수 있었다. 하지만 하이트진로에서 신제품

테라맥주를 출시하면서 상황이 바뀌게 되었다.

2019년 3월이면 테라맥주가 막 출시된 시점이어서 이 제품이 시장에서 성공할지, 실패할지를 판단하기에는 이른 시점이었다. 하지만 나는 테라맥주가 성공을 하든, 실패를 하든 관계없이 하이트진로의 주가에는 호재로 작용할 것이라는 판단을 하게 되었다(물론 성공 가능성을 훨씬 높게 봤다). 그 이유는 다음과 같다.

첫째, 테라맥주가 시장에서 실패를 할 경우(가능성 낮음)다.

하이트진로의 경영진은 맥주사업에 배수진을 치고 있었다. 수년간 계속되는 적자로 맥주사업 부문은 사실상 한계에 도달하고 있었다. 그래서 만약 테라맥주마저도 시장에서 실패하면 맥주사업을 접겠다는 말을 공공연하게 했다. 하이트진로가 적자 부문인 맥주사업을 접는다면 주주에게는 긍정적이다. 왜냐하면 회사에서 가장 큰 적자를 내는 사업 부문이 없어지는 것이고, 궁극적으로 주가는 소주 부문의 실적만으로 평가를 받게 될 것이며, 그렇게 되면 회사의 가치는 점진적으로 상승해 최소한 3조 4,000억 원에 수렴하게 될 것이기 때문이다. 이는 다시 말하면 주가가 61,000원 수준이 된다는 의미다. 물론 부채가 많아서 힘들다는 이야기 등이 나올 수 있지만, 나는 이런 것들이 부수적인 문제라고 생각했다. 부채가 많아도 맥주사업이 스펀지처럼 자금을 흡수해가지만 않으면 소주 부문의 수익성이 워낙 좋아서 부채 상환에 문제가 없기 때문이다. 또한 소주값의 인상, 주류세 개정 같은 호재들이 버퍼(Buffer) 역할을 할 수 있을 것이라고 생각했다.

둘째, 테라맥주가 시장에서 성공할 경우(가능성 높음)다.

이는 당연히 가장 좋은 시나리오다. 나는 테라맥주가 나오자마자 맥주를 좋아하는 지인들과 수차례에 걸쳐 테라맥주를 마셨다. 그들은 대부분 테라맥주의 맛에 대해 긍정적이었다. 기존 하이트맥주는 밋밋한 맛인 데 반해 테라맥주의 톡 쏘는 탄산 맛이 카스맥주에 뒤지지 않는다는 의견이었다. 회오리 무늬가 들어간 녹색 병 역시 소비자에게 신선하게 다가왔다. 만약 기존의 갈색병을 계속 사용했다면 테라맥주는 아마 성공하지 못했을지도 모른다. 어쨌든 나는 테라맥주가 성공할 것이라는 나름의 확신을 갖게 되었다. 만약 테라맥주가 시장에서 성공을 거둬 맥주사업 부문이 흑자로 돌아선다면 이는 더할 나위 없는 호재다. 맥주사업은 단일제품을 대량생산하므로 매출액이 늘어난다는 것은 이익이 기하급수적으로 늘어난다는 의미이기 때문이다.

그래서 하이트진로 주식을 2019년의 승부주로 생각하고 매수하기로 결심했다. 하방은 열려 있지 않았고, 상방만 열려 있는 아주 이상적인 주식이었다. 그리고 '진로이즈백'이 곧바로 출시되었는데, 이 제품도 시장에서 큰 반향을 일으키고 있었다.

그러다가 8월에 접어들면서 시장에서 또 한 번 획기적인 반전이 일어났다. 그 당시 진로의 '참이슬'과 롯데주류의 '처음처럼'이 소주 시장을 양분하고 있었다. 물론 각 지방마다 고유의 소주 브랜드가 있지만 전국적인 규모로 보면 그렇다는 의미다. 전국적으로는 참이슬이 강세였지만, 서울(특히 강남)에서는 처음처럼이 강세였다. 내가 서울 강남지역에 살기 때문에 시장 조사를 강남 위주로 했는데, 강남에서는 처음처럼이 7병 팔리면, 참이슬은 3병 정도 팔리는 구조였다. 그런데, 8월에 들어서면서 NO JAPAN운동이 대대적으로 펼쳐지기 시작했다. 그러면서 소비자들 사이에서 일본 기업으로 인식되는 롯데주류의 처음처럼이 급격하게 매출하락을 겪고 있었다. 소주는 혼술을 하기보다는 식당이나 주점에서 지인들과 함께 마신다. 그룹 중 누군가가 처음처럼을 시키면 다른 사람이 '일본 제품을 쓰면 안 된다'라고 하면서 참이슬로 바꿀 정도였다. 소비자 입장에서는 처음처럼을 마시지 않아도 참이슬이라는 완벽한 대체재가 있었기 때문에 불편함도 없었다.

진로이즈백은 하이트진로에서 처음처럼을 겨냥하고 만든 소주다. 참이슬은 약간 독한 맛이고, 알코올 냄새가 난다고 해 젊은 층 사이에서는 처음처럼이 더 인기가 높았다. 이 점을 노려 알코올 도수를 0.1도 낮추고 목 넘김을 부드럽게 한 제품이 진로이즈백이었다. 처음처럼이 NO JAPAN운동으로 주춤하면서 공백을 내준 사이에 진로이즈백의 인기가 폭발적으로 상승했다. 그래서 처음처럼을 마시던 젊은 층들 중 상당수가 진로이즈백으로 넘어가게 되었다.

원래 참이슬 30%, 처음처럼 70%였던 서울 강남의 시장 구도가 참이슬+진로이즈백 90%, 처음처럼 10%로 급격히 바뀌게 된다. 나는 향후 NO JAPAN운동이 시들해져도 진로이즈백을 마시던 소비층들이 다시 처음처럼으로 가지는 않을 것이라는 판단을 하게 되었다. 이미 제품 자체의 경쟁력으로 진로이즈백이 처음처럼을 이기고 있었기 때문이다. 그리고 테라맥주의 인기는 점차 상승해, 서울 강남에서는 테라맥주와 카스맥주의 시장 점유율이 각각 50% 수준에 이르렀다(롯데주류의 '클라우드맥주'나 '피츠맥주'는 NO JAPAN운동이 시작되기 전부터 이미 존재감을 상실했기 때문에 큰 변수가 되지 않았다). 서울의 강남은 전국적인 유행의 트렌드가 시작되는 곳이므로, 강남에서 테라맥주가 성공했다는 것은 1~2년 후 테라맥주의 인기가 전국적으로 확산될 것이라는 신호였다.

그래서 나는 이때가 하이트진로의 주식을 추가로 매수할 시점이라고 판단했다. 이 당시 하이트진로의 주가는 22,000원 수준까지 올라와 있었다. 나는 레버리지를 이용해 하이트진로 주식을 추가했다. 주식 전문가들은 절대로 신용이나 빚으로 주식 투자를 하지 말라는 충고를 한다. 주식 시장에는 무슨 악재가 갑자기 발생할지 아무도 모르기 때문이다. 하지만 내가 이런 결정을 내린 배경에는 다음의 두 가지 판단이 섰기 때문이다.

첫째, 신제품이 큰 성공을 거두고 있는 이 시점에서 하이트진로의 주가는 절대로 2만 원 밑으로는 떨어지지 않으리라는 확신이 섰기 때문이다.

둘째, 설사 IMF급 위기가 와서 주식이 폭락을 해도 깡통계좌를 막을 수 있을 정도의 자금을 마련할 방법을 미리 강구해두고 있었기 때문이다. 일시적인 악재로 주가가 폭락을 해도 주식을 팔아서 손실을 확정하지만 않으면 점차로 주가는 제자리를 찾을 것이라는 믿음이 있었다.

나는 3~4년 후 하이트진로의 적정주가가 어느 정도 될지 고민해봤다. 내 나름의 방법은 3~4년 후의 예측에 불과하므로 당연히 대략적인 가이드라인이 될 수밖에 없다.

앞에서 언급한 것과 같이 진로소주의 가치는 3조 4,000억 원이다. 이는 소주 부문 가치만 가지고도 하이트진로의 주가가 약 61,000원이 되어야 한다는 의미다. 물론 하이트맥주가 진로소주를 인수한 시점이 2005년이니까 지금은 3조 4,000억 원이 절대적인 비교 금액이 될 수는 없다. 하지만 내 판단으로는 진로소주의 가치는 2005년보다 현재 시점인 2019년에 더 높아지면 높아졌지 절대로 낮아지지는 않았다.

소주에 대해 좀 더 설명하자면, 지금까지는 하이트진로의 주력 소주는 참이슬이었는데, 앞으로는 진로이즈백이 대표 소주로 자리매김할 가능성도 있었다. 그만큼 하이트진로의 소주 시장 전망은 밝다는 것이다. 지방에서도 참이슬이 부산과 경남을 제외하고는 대부분 대표 소주로 자리 잡았는데, 향후에는 진로이즈백의 선전으로 부산과 경남지방에서도 시장 점유율 1위의 소주회사가 될 것으로 예상했다. 이럴 경우 하이트진로는 전국 모든 지역에서 1등을 하는 압도적인 소주회사가 될 것이다. 수출 또한 점진적으로 증대하리라는 계산도 있었다. 독자들에게는 생소할지 모르지만, 맥주와 와인을 제외하고는 모든 주류를 통틀어서 전 세계에서 판매량으로 1위를 하는 술이 소주이고, 그중에서 1등이 참이슬이다.

이제 맥주에 대해 설명을 하겠다. 2014년에 카스맥주를 생산·판매하는 OB맥주가 세계적 맥주 회사인 'AB인베브'에 6조 2,000억 원에 매각되었다. 2013년 당시 OB맥주의 매출액은 1조 4,848억 원이었고, 영업이익은 4,727억 원이었다. 만약, 향후에 테라맥주가 카스맥주만큼 팔린다면 하이트진로 맥주 부문의 가치는 6조 2,000억 원에 이른다는 결론이다. 이를 주가로 나타내면 88,000원 수준이다.

따라서 향후 하이트진로의 회사 가치는 맥주 부문과 소주 부문을 합한 금액인 9조 6,000억 원에 이를 것이다. 이는 주가가 약 149,000원임을 의미한다. 관건은 테라맥주가 향후 카스맥주만큼 인기를 끌 수 있을 것인가의 문제인데, 나는 이것이 3~4년쯤 후에는 가능하다고 생각했다. 왜냐하면 테라가 젊은 층들을 중심으로 해서 점유율을 점점 높이고 있었고, 최근에는 중년층도 카스맥주에서 테라맥주로 취향이 이동하고 있기 때문이다. 특히, 전국 맥주 시장의 미래 척도가 되는 서울 강남지방에서 테라가 카스를 제품 출시 불과 5개월 만에 앞질렀다는 것은 고무적이다. 그리고 소주와 맥주는 한 번 자리를 잡으면 10년 정도는 변하지 않는 특성이 있다. 과거 하이트맥주가 OB맥주를 대체했을 때도 그랬고, 카스맥주가 하이트맥주를 대체했을 때도 그랬다.

물론 149,000원이라는 주가는 경영권 프리미엄이 반영된 가격이므로, 실제 주가는 그에 못 미칠 가능성이 크다고 봐야 한다. 하지만 그렇다고 할지라도, 나는 '코웨이' 수준의 시가총액에는 도달할 수 있을 것으로 판단했다. 이는 하이트진로가 코웨이 만큼의 실적을 낼 수 있을 것이라는 의미다. 2018년 코웨이는 매출 2조 7,000억 원, 영업이익 5,109억 원의 실적을 기록했고, 배당금을 주당 3,600원 지급했다. 유튜브 영상을 촬영했던 2019년 11월 9일 현재, 코웨이의 시가총액은 6조 7,600억 원 수준이었다. 이렇게 되면 하이트진로의 주가는 약 96,000원에 이른다. 따라서 하이트진로의 테라 맥주가 시장 확대를 완성하는 3년 후쯤에는 하이트진로의 주가가 96,000원까지 오를 수 있을 것으로 예측했다.

이상이 내가 유튜브에 올린 내용이다. 이와 같이 하이트진로의 주가가 4배~5배까지 오를 것이라고 예측한 이유는 장치 산업의 특성에 있다. 장치 산업은 시장 점유율이 늘어나면 이익은 기하급수적으로 늘어나는 성향이 있다. 삼성전자가 메모리 반도체 부문에서 절대적 경쟁력을 유지하는 이유는 장치 산업이기 때문이다. 시장 점유율이 올라가면 원가는 줄어들게 되므로 이익은 더욱 증가하게 된다. 즉, 수평적 이익증가가 아닌, 기하급수적인 이익증가가 가능한 구조다. 반대로 경쟁사들은 그만큼 원가가 올라가게 된다. 그러면 손실이 기하급수적으로 증가하게 된다. 따라서 경쟁사와의 격차는 더욱 확대되어 돌이킬 수 없는 수준에 이른다. 주류 시장에서 점유율이 올라가면 주가가 얼마나 올라가는지를 잘 보여주는 종목이 중국의 귀주모태주다. 귀주모태주는 지금도 중국에서 알리바바, 텐센트와 함께 시가총액 1위를 다투는 기업이다. 맥주나 소주 시장은 방향성이 바뀌면 10년간 성장하는 특징이 있다. 그래서 하이트진로가 장기 투자에 적합한 종목이다. 소주가 중국과 동남아에서 판매량이 급격히 증가하기 시작했고, 미국에서도 본격적 마케팅이 시작되었다. 하이트진로가 향후 귀주모태주와 같은 압도적인 이윤을 창출하는 주류회사로 성장할 것인지 지켜보는 것도 흥미롭다.

매수한 종목은 중간에 실적을 계속 점검해야 한다. 나는 2019년 실적은 의미가 없다고 생각했고, 2020년 1사분기부터는 예상대로 실적이 나오는지 점검하고 있다. 주류산업은 매출과 이익이 꾸준히 유지되므로 높은 멀티플을 받을 수 있다. 나는 2021년 4월까지 하이트진로의 시가총액이 3조 6,000억 원이 될 것이고, 주가는 최소 51,500원에 이를 것으로 예측하고 있다. 다음의 표는 내가 예상하는 하이트진로의 시가총액과 주가다. 나의 예측이 틀렸다고 판단될 때까지 계속 보유할 계획이다.

시기	시가총액	예상주가
2021년 4월	3조 6,000억 원	51,500원
2022년 4월	5조 1,000억 원	73,000원
2023년 4월	7조 4,000억 원	105,000원

자료 5-1. 하이트진로의 향후 예상 시가총액 및 예상주가

주류와 같은 장치 산업은 영업이익보다는 매출액의 증감을 먼저

보는 것이 옳다. 매출액이 모든 것을 설명하기 때문이다. 어떤 요인으로 영업이익이 하락해도 매출액이 늘어나면 이익은 자연히 따라올 수밖에 없는 게 장치 산업의 특징이다.

KH바텍
- 폴더블폰의 최대 수혜주

이 종목은 내가 2019년에 차선호 종목으로 선정해 20% 범위 내에서 매매를 했던 종목이다. 2019년 9월 하순 9,000원 수준에서 1차 매수를 했고, 11월 초에 16,000원 수준에 2차 매수를 했다. 아무리 실적이 좋아져도 최선호주가 될 수 없는 이유는 규모상 중견기업이 아니기 때문이다.

KH바텍은 치킨게임에서 살아남은 국내 유일의 힌지 회사라고 볼 수 있다. 과거 접는 핸드폰이 유행이었을 당시에는 많은 힌지 업체들이 난립했지만, 스마트폰이 대세로 자리 잡으면서 접는 핸드폰이 사라졌다. 그래서 힌지 업체들도 구조조정 되었고, 제대로 된 힌지 업체로는 KH바텍 하나만 살아남은 것이다.

1차 매수를 했을 당시에는, 삼성 갤럭시폴드가 시장에서 큰 반향을 얻기 전이었다. 하지만 나는 접는 스마트폰이라는 새로운 컨셉의 제품에 대한 시장 수요가 일정 부분 있을 것이라고 봤고, 그러면 국내 유일의 힌지업체인 KH바텍이 수혜를 볼 것이라고 생각했다. 2018년 실적은 매출 2,040원에 영업이익은 184억 원 적자였고, 2019년 1사분기까지도 적자였지만, 2사분기부터는 흑자로 돌아서고 있었다. 회사는 구조조정이 완료되어 더 이상 적자로 돌아설 것같지 않았고, 유보율도 높아서 재무적 리스크는 없다고 판단했다.

(단위 : 억 원)

구분	매출액	영업이익
2018년 전체	2,040	−184
2019년 1사분기	438	−37
2019년 2사분기	719	41

자료 5-2. KH바텍의 실적

우선 힌지의 단가가 얼마나 되는지 자료를 찾아봤더니 개당 20달러 수준이었다. 만약 갤럭시폴드가 2020년에 500만 대만 판매되어도 매출이 1,000억 정도가 증가될 것이다. 2018년 회사의 매출이 2,000억 수준이었으므로, 2020년에 최소 50%의 매출증대가 예상되었고, 만약 갤럭시폴드가 1,000만 대가 판매된다면, 2018년 대비 매출이 100% 증가하는 성장주로 볼 수 있었다. 그래서 2019년 9월에 1차 매수를 했다.

그러다가 11월 8일 중국에서 갤럭시폴드를 1차로 판매했는데 선풍적인 인기를 끌며 5분 만에 완판되었으며, 예상 판매량이 2019년 30만 대, 2020년 600만 대, 2021년 2,000만 대라는 애널리스트의 분석 기사를 봤다. 그러면 KH바텍은 2021년 힌지 매출만으로

$20/대×2,000만 대=4억 달러이고, 원화로 환산하면 4,800억 원이다. 영업이익률이 10%라고 하면 영업이익이 480억 원이다. 2021년에는 폴더블용 힌지 판매로만 480억 원의 영업이익이 발생되는 것이다. 만약 시가총액이 영업이익의 10배가 된다면 힌지가 시가총액에 기여하는 금액이 4,800억 원이 된다. 그러면 주당 20,300원의 상승요인이 생기는 셈이다. 힌지 매출이 없을 때 주가가 8,000원 수준이었으므로, 주가는 28,300원이 될 것이다. 그런데 그 당시 주가는 16,600원에 불과했다. 그래서 추가 매수를 단행했다. 계좌에 남아 있는 돈을 모두 베팅했다. 그랬더니 주가가 곧바로 움직이기 시작해 최대 26,000원 수준까지 상승했다.

다나와
- 트렌드를 이용한 주가 예측

'다나와'는 2000년에 컴퓨터 주요부품 가격비교 서비스로 시작해서 2011년 코스닥 시장에 등록했으며, 현재는 전자제품 전 카테고리를 포함하는 종합 가격비교 사이트로 성장했다.

자료 5-3. '다나와' 홈페이지

자료 5-3에서 보듯 '다나와'는 동일제품에 대해 여러 온라인 쇼핑몰에서 판매하는 가격을 비교함으로써 소비자의 선택에 도움을 주고 있다. 클릭을 하면 해당 쇼핑몰로 이동할 수 있도록 되어 있는데, 다나와를 경유해 해당 쇼핑몰로 이동한 고객이 제품을 구매하면, 다나와가 쇼핑몰로부터 일정 부분 수수료를 받는다.

나는 다나와의 실질적 경쟁 업체는 '롯데하이마트'라고 생각한다. 온라인과 오프라인은 경쟁관계인데, 다나와는 대표적 온라인 전자제품 판매업체이고, 롯데하이마트가 대표적 오프라인 전자제품 판매업체이기 때문이다. 다나와의 매출이 늘면 롯데하이마트의 매출이 줄어드는 구조라는 것이다. 전자제품 구매도 온라인이 대세로 되어가기 때문에, 향후에도 온라인 매출은 늘어나고 오프라인은 줄어드는 추세는 지속될 것이다. 다시 말하자면, 다나와의 시가총액은 계속 늘어날 것이고, 롯데하이마트의 시가총액은 줄어들 것이다.

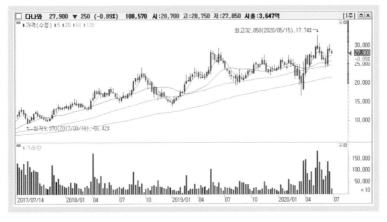

자료 5-4. 다나와 주봉차트

자료 5-5. 롯데하이마트 주봉차트

앞의 차트를 보면 다나와의 주가는 지속적으로 우상향을 하고 있고, 반대로 롯데하이마트는 우하향 추세임을 알 수 있다. 온라인 쇼핑이 지속적으로 활성화되는 경향으로 봐서 앞으로도 이러한 추세를 유지할 가능성이 큰데, 나는 언젠가는 다나와와 롯데하이마트의 시가총액이 역전될 것으로 예상했다. 이는 도도히 흐르는 강물과 같은 것으로 아마존이 월마트를 역전한 것과 같은 논리라고 생각했다. 그래서 다나와와 롯데하이마트를 시가총액 기준으로 비교해봤다.

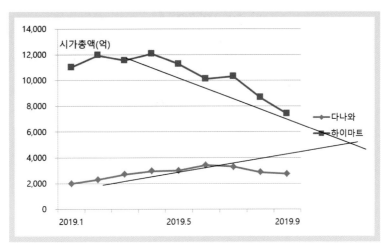

자료 5-6. 다나와 vs 롯데하이마트 시가총액 비교

대략의 기울기에 따라 시가총액을 예상해보면, 우하향하고 있는 롯데하이마트의 시가총액과 우상향하고 있는 다나와의 시가총액은 약 5,500억~6,000억 원 사이에서 만날 것으로 보인다. 이를 다나와의 주가로 환산하면 42,000원 수준이다. 즉, 향후 50% 정도의 상승여력은 있는 것으로 판단했다.

앞과 같은 논리로 한때 다나와의 매수를 고려했던 사실이 있지만, 결국 매수를 하지 않았다. 그 이유는 비슷한 서비스를 네이버에서도 제공하기 때문이다.

자료 5-7. 네이버쇼핑 홈페이지

네이버쇼핑의 가격비교 기능은 다나와의 가격비교 기능과 유사하다. 소비자 입장에서는 제품 검색을 하면서 동시에 구매가 이뤄질 가능성이 크고, 네이버의 페이 시스템도 편리하므로 네이버쇼핑이 다나와보다 향후 더 경쟁력이 있을 것으로 우려되어 다나와의 매수를 포기했다. 전자제품의 구매가 오프라인에서 온라인으로 옮겨오는 것이 대세인 것은 맞지만, 그 혜택을 다나와가 온전히 누린다고 볼 수는 없었기 때문이다. 내가 매수를 한 승부주가 아님에도 불구하고 다나와에 대해 설명한 이유는 좀 색다른 방식으로 가격예측을 해본 경험을 공유하기 위해서다. 이런 방식으로 장기적 주가예측을 할 경우에는 반드시 분기마다 발표되는 실적을 항상 확인해서 자신의 판단에 오류가 없는지를 확인해야 한다.

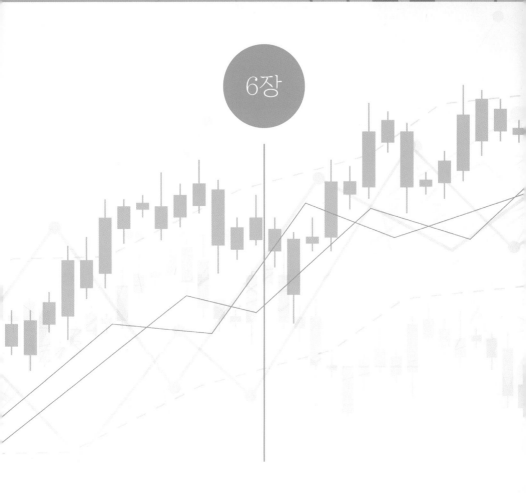

6장

돈이 보이는
주식 시장

플랫폼 전성시대

2008년 시가총액 상위 10개 기업과 2018년 시가총액 상위 10개 기업을 비교해보자.

2008년		2018년	
순위	기업명	순위	기업명
1	페트로 차이나	1	애플
2	엑손 모빌	2	알파벳
3	GE	3	아마존
4	차이나 텔레콤	4	마이크로소프트
5	마이크로소프트	5	텐센트
6	중국 공상은행	6	페이스북
7	페트로브라스	7	버크셔 해서웨이
8	로얄더치쉘	8	알리바바
9	AT&T	9	JP모건 체이스
10	P&G	10	존슨&존슨

자료 6-1. 연도별 시가총액 상위 10위 기업

지금은 플랫폼 전성시대이고, 향후에도 플랫폼 집중 현상은 더욱 강화될 것이라는 결론을 먼저 말씀 드린 후 이야기를 시작해보겠다. 기차역의 플랫폼은 승객과 기차를 연결하는 중간 역할을 한다. 플랫폼 기업은 이와 같이 중간 역할을 하는 회사를 말한다. 예를 들면, 소비자와 판매자를 연결하는 중간 역할을 하는 온라인 쇼핑 기업은 플랫폼 기업이다. 약 10년 전인 2008년에는 시가총액 10위 안에 들어간 플랫폼 기업은 마이크로소프트가 유일했다. 마이크로소프트는 사용자와 컴퓨터를 연결해주는 MS Window나 MS Office 판매 외에 클라우드 서비스를 제공하는 플랫폼 기업이다.

그런데 10년이 지난 2018년에는 시가총액 상위 기업 중에서 버크셔 해서웨이, JP모건 체이스, 존슨&존슨 3개를 제외하고는 모두 플랫폼 기업이다. 그것도 1위부터 6위까지는 모두 플랫폼 기업이다. 가히 플랫폼 기업의 전성시대다. 그리고 이 추세는 점점 더 강화되고 있다. 플랫폼 기업은 기존의 충성스러운 사용자를 기반으로 한 확장성이 무궁무진하기 때문에 성장의 한계가 어딘지 알기조차 힘들다. 하지만 플랫폼 기업들이 지속 성장을 하기 위해서는 한 가지 조건이 있다. 공정한 분배가 있어야 한다는 점이다. 인터넷 플랫폼 기업들은 사이버상에 공간을 제공하고, 실제적으로 부가가치를 창조하는 당사자들은 그 플랫폼을 이용하는 사용자들이다. 그런 점에서 기존 제조업 중심의 산업들과는 다르다.

최근 몇 년 사이 급격하게 성장한 플랫폼 기업인 '우버(Uber)'와 '에어비앤비(Airbnb)'를 보자. 우버는 기업가치가 무려 70조 원에 이르고 있는데, 이는 100년 전통의 자동차 기업인 GM과 포드의 시가총액을 넘어서는 것이다. 우버는 2019년 현재 83개국, 674개 도시에서 4,000만 명의 회원들이 이용 중인 '세계 최대의 운송기업'이다. 에어비앤비도 마찬가지다. 에어비앤비는 창업 9년 만에 기업가치가 28조 원에 이르렀고, 세계 3대 호텔체인인 '메리어트', '힐튼', '인터콘티넨탈'을 합한 것보다 더 많은 객실을 확보하고 있다. 하지만 포드나 GM은 실제 자동차를 생산하는 기업이고 메리어트나 힐튼도 객실을 소유한 기업이지만, 우버나 에어비앤비는 사이버상 공간만 소유하고 있을 뿐이다. 우버의 가치는 회사 자체의 자산으로 창출되는 것이 아니라, 150만 명의 운전자와 4,000만 명의 이용자에 의해 창출된다는 점이 다른 자동차 회사와 차이점이다. 하지만 운전자와 이용자에 의해 창출된 이익은 모두 플랫폼으로 귀속된다.

구체적 예를 들자면, 만약 우버에 탑승한 승객이 40달러를 지불한다면 운전자가 받는 금액은 50%가 안 되는 15~19달러에 불과하고, 나머지 대부분은 우버에서 수수료로 떼어간다. 그 결과 우버의 운전자들은 시간당 8.55달러밖에 벌지 못해 최저임금 수준인 10달러에도 미치지 못한다는 MIT의 연구결과가 있었다. 만약 시간당 8.55달러로 주당 40시간 휴가도 없이 일한다면 1년 수입은 17,784달러에 불과하다.

에어비앤비도 마찬가지다. 에어비앤비의 발표에 따르면 한국 호스트들의 연평균 수입은 450만 원이다. 즉, 한 달에 평균 38만 원을 번다는 것이다. 임대를 하기 위해 투자하는 인테리어 비용, 청소 비용, 샴푸나 비누와 같은 소모품 비용 등을 생각하면 만족할 만한 수입은 아니다. 결국 이용자들에 의해 창출된 가치의 대부분은 플랫폼에 귀속된다. 재주는 곰이 부리고 돈은 왕서방이 챙기는 것인데, 이와 같은 구조가 영원히 지속되기는 어렵다. 메디슨의 설립자이자 한국 벤처업계의 대부인 이민화 한국벤처협회장은 "공유 플랫폼 경제가 지속가능하기 위해서는 한 가지 조건이 필요하다. 창출된 가치의 분배가 정당해야 한다. 플랫폼 가치 창출을 플랫폼 사업자가 독식하는 구조는 오래가지 못한다. 그렇기 때문에 올바른 플랫폼 룰이 필요하다"고 했다.

영화를 보고자 하는 예비 관람객들은 영화를 선택하기 전에 네이버의 영화 사이트를 참조한다. 그런데 이 영화 사이트는 사실상 이용자들에 의해 구성된다. 네이버는 단지 사이버 공간만 제공할 뿐이다. 영화를 본 관람객들이 네이버의 영화 섹션에 '200자 평'을 올리고, 평점을 주고, 또 '영화 리뷰'를 블로그의 형태로 올린다. 그러면 이용자들이 자신이 동의하는 글에 '좋아요' 표시를 해서 지지를 하고, 지지를 많이 받은 글이 가장 앞쪽에 노출된다. 영화를 관람하고자 하는 관람객들은 '200자 평'이나 '영화 리뷰'를 보고 취향에 맞는 영화를 선택한다. 이렇듯 수많은 영화 관람객들이 시간과 노력을 투자해서 네이버에 다양한 형태의 글을 올리지만 이들에게 주어지는 경제적 보상은 없다. 다수의 노력으로 창출된 가치의 혜택은 오로지 대형 플랫폼 회사에 귀속될 뿐이다. 이와 같이 실질적인 가치를 창출하는 참여자에게 아무런 경제적 혜택을 제공하지 못하는 플랫폼은 향후 사용자들의 적극적인 참여를 유도할 인센티브를 제공하지 못할 것이다.

요즘 유튜브가 선풍적인 인기를 끄는 이유는 다양하고 풍부한 콘텐츠가 있기 때문이다. 그리고 다양한 콘텐츠가 있는 이유는 플랫폼에서 콘텐츠 제공자들에게 상당한 보상을 해주기 때문이다. 만약 네이버의 영화 섹션과 경쟁관계에 있는 어떤 플랫폼 업체가 유튜브와 같은 획기적인 인센티브를 참여자에게 준다면, 앞으로 사용자들은 경제적 이익을 찾아 경쟁 업체에 몰릴 것이다.

이러한 변화는 '스팀잇(Steemit)'의 등장으로 유추해볼 수 있다. 2016년 3월에 서비스를 시작한 스팀잇은 플랫폼 사용자들이 글을 남기면 일정한 규칙에 의해 '스팀(Steem)'이라는 암호화폐를 사용자들에게 지급하는 블록체인 기업이다. 스팀을 지급받은 사용자들은 이를 거래소에서 현금화할 수 있다. 스팀잇이 글을 쓰면 보상을 해준다는 입소문을 타고 회원 수가 급속히 증가해 한때 우리나라에서도 회원 수가 수십만 명에 이르렀던 적이 있다. 암호화폐의 가격이 높았을 때는 하룻밤 사이에 1,000만 원 이상의 수입이 생기기도 했다. 하지만 스팀잇은 가입절차가 너무 까다롭고 사용하기도 무척 어려워서 회원들이 더 이상 늘지 않은데다가 내분이 생기고 암호화폐의 가격이 떨어지면서 회사가 끝 모를 추락을 했지만, 보상 플랫폼으로서의 가능성은 확실히 보여줬다.

향후에도 플랫폼 기업들은 성장세가 두드러질 것이다. 하지만 앞으로는 이익을 혼자서 독식하려고 하는 플랫폼은 위험에 빠질 수 있고, 플랫폼과 사용자가 서로 상생할 수 있는 '윈윈(Win-win) 이코노미'를 만드는 기업이 가파른 성장을 이어갈 것이다. 네이버 영화 섹션의 예를 들면, 영상이든 블로그든 콘텐츠를 올리는 사용자에게는 일정 수준의 보상이 있어야 한다는 것이다. 여러분들에게 한 가지 질문을 하겠다. 만약 다음이나 네이트가 영화평을 쓰는 회원들에게 유튜브와 같은 보상을 해준다면 여러분들은 네이버에 계속 글을 쓰고 영상을 남기겠는가? 아니면 다음이나 네이트에 글이나 영상을 남기겠는가? 결론을 쉽게 알 수 있는 아주 간단한 문제다.

네이버는 현재 다양한 사업을 하고 있다.

첫째, 온라인 쇼핑몰 분야에서 1등 기업이다. 네이버 스마트 스토어에는 약 35만 개의 판매자가 입점해 있고, 그 증가세도 가파르다. 2020년 3월 한 달 동안 37,000여 판매자가 새로 등록했으며, 일룸, 한샘, 애경 등 중견기업들뿐 아니라, 삼성전자, LG전자, LG생활건강, CJ제일제당과 같은 대기업도 입점해 있으며, 하나로마트, 홈플러스 등 장보기 업체들도 입점해 있거나 입점할 계획이다. 온라인 쇼핑에서 가장 중요한 요소는 배송이다. 네이버도 배송의 중요성을 인식해 CJ대한통운과 협력해 2020년 3월부터 풀필먼드 배송 서비스를 제공하고 있다. 그래서 오늘 주문하면 내일 배송해주는 '익일배송'을 보장하고 있다. 참고적으로, 풀필먼트란 스마트 스토어에서 판매하는 제품들을 미리 물류센터로 옮겨 보관하고 있다가 주문이 들어오면 곧바로 배송을 해주는 시스템으로, 물류로 차별화를 이루겠다는 쿠팡에 비해 전혀 뒤지지 않는다. 쿠팡은 매년 심각한 적자를 내고 있지만, 네이버는 현금 창출능력이 뛰어나므로 투자에 대한 부담도 없다. 매출도 네이버쇼핑이 쿠팡을 앞지르고 있다. 네이버의 이커머스 장악력은 그야말로 시간문제일 뿐이다.

둘째, 온라인 쇼핑에서 물류 다음으로 중요한 것이 결제 시스템이다. 네이버는 간편페이 분야에서도 국내 1등이다. 네이버페이의 결제액이 2020년 1분기 5조 원을 돌파했고, 3월 한 달 동안 1,250만 명이 네이버페이를 이용해서, 카카오페이와 삼성페이를 앞서고 있다. 2019년에는 네이버페이를 분사해 네이버파이낸셜을 설립했으며 CMA통장인 '네이버통장'을 출시했다. 2020년 하반기에는 후불 결제 서비스를 출시하고 향후 대출 시장에도 진출해 은행의 기능을 일부 수행할 예정이다. 앞으로는 네이버에 접목되는 금융 관련 산업도 크게 성장할 것으로 예상된다.

셋째, 웹툰엔터테인먼트(네이버웹툰)는 세계 1위의 웹툰 플랫폼이고, 네이버의 라인은 일본에서 국민 메신저다. 웹툰 시장은 세계적으로 태동기의 산업이므로 성장성도 뛰어나다.

이러한 성장성 있는 사업들은 기존 네이버 사용자들을 기본으로 하고 있다. 충성도 높은 캡티브유저(Captive user)들을 지속적으로 유지하기 위해서는 플랫폼과 사용자들이 공생하는 윈윈(Win-win)의 정책 도입이 필요하다.

플랫폼 기업은 계속 성장한다. 그러므로 플랫폼 기업에 지속적인 관심을 가져야 한다. 하지만 그 플랫폼 기업이 플랫폼 사용자들과 공생을 하기 위한 의지가 있는지 지속적으로 관찰해야 한다. 플랫폼 사업자가 지나치게 탐욕스러우면 더 이상 성장하기 힘들고 경쟁 플랫폼에 추월당하게 된다. 싸이월드 등 많은 플랫폼의 몰락 과정을 보면 기존 대기업들의 플랫폼 사업에 대한 폐쇄성과 탐욕의 결과가 대부분이다. 유튜브와 같이 상생의 원칙을 실천하는 플랫폼에 관심을 가져야 할 시기다.

미국 주식 시장에서 시가총액 1위부터 6위까지가 플랫폼기업이라는 말씀은 앞에서 드렸다. 중국에서도 시가총액 1위가 알리바바이고, 2위가 텐센트다. 모두 플랫폼 기업이다. 우리나라 플랫폼 기업들의 시가총액도 지속적으로 상승할 것이다.

향후 네이버나 카카오 외에 앞으로도 유망 플랫폼 기업들이 주식 시장에 속속 등장할 것이다. 이러한 신규 플랫폼 업체에 관심을 가져야 한다. 플랫폼이라는 단어를 꼭 기억하자.

내 자녀에게 물려주고 싶은
주식 2선(選)

　연말연초만 되면 신문사에서 '자녀에게 가장 물려주고 싶은 주식'이 무엇인지 설문조사를 한다. 만약 누군가가 나에게 같은 질문을 한다면 나는 첫째는 '네이버', 둘째는 '삼성바이오로직스'라고 말할 것이다.

　첫째는 네이버이다. 자녀에게 물려줄 주식이라는 의미는 20년 후 기업이 지금보다 더 성장해 있을 것이라는 확신이 드는 주식이어야 한다. 그런 면에서 네이버는 가장 적합한 종목이다. '시가총액 1위의 삼성전자나 2위의 SK하이닉스도 20년 후에 지금보다 더 성장해 있을까?'에 대한 물음에 반드시 그럴 것이라고 말할 자신이 없다. 다른 제조업이나 금융업은 말할 나위도 없다. 경기 사이클을 타는 업종이나 국가 간 역학관계 등에 의해 흔들리는 주식은 후보가 될 수 없다.

　장기 성장에 대한 의심이 가장 덜 가는 종목군은 플랫폼 기업들

이다. 압도적인 점유율을 가지는 대표 플랫폼들은 향후에도 경쟁자
가 나타나기 어렵고, 시간이 갈수록 기존의 산업들을 흡수하는 구
조이기 때문에 성장할 수밖에 없는 산업이다. 우리나라에서 압도적
경쟁력을 가지는 대표 플랫폼은 네이버와 카카오다. 이 중에서 나
는 네이버를 자녀에게 물려주기 좋은 주식으로 꼽았다. 그 이유는
두 회사의 경영방식의 차이 때문이다.

자료 6-2. 네이버통장 광고

카카오는 모든 사업을 직접 하는 저돌적인 스타일이다. 금융업
의 경우도 정부로부터 직접 라이선스를 획득해서 카카오뱅크를 설

립했고, '바로투자증권'을 직접 인수해 증권업에 진출했다. 이에 반해 네이버는 기존 업체들과의 협업을 통해 금융업에 진출하는 모델을 선택하고 있다. 네이버는 미래에셋대우 증권사와 협력해 '네이버통장'이라는 금융상품을 출시했다. 소비자가 네이버통장에 돈을 넣으면 미래에셋대우가 이를 굴려 수익금을 이자로 주는 방식이다. 또한 미래에셋캐피탈과 함께 대출 서비스를 시작할 것으로 알려지고 있다. 최근에는 'NF보험 서비스'라는 보험 전문법인을 설립해 자동차 보험료를 비교하는 플랫폼을 런칭할 계획이다.

카카오는 직접 금융에 진출해 사업을 하기 때문에 그만큼 리스크도 크다고 볼 수 있다. 예를 들면, 지금까지는 안정적인 수입이 보장되는 급여생활자를 대상으로 카카오뱅크가 영업을 해왔지만 이미 한계에 봉착한 상태다. 카카오뱅크가 더 성장하기 위해서는 법인영업을 해야 하는데, 노하우가 부족하다 보면 시행착오에 노출될 가능성이 있다. 또한 리먼브라더스 파산과 같은 경제적 위기가 오면 큰 손실을 감수해야 하는 면도 있다. 반면, 네이버는 기존 금융기관과 협업을 하는 가운데 수수료나 기타 다른 방식으로 리스크가 없이 안정적인 이윤을 획득한다. 해당 업이 잘 되든 못 되든, 금융위기가 오든 말든 관계없이 수수료는 계속 들어오는 형태다. 직접 사업을 하는 방식은 리스크를 동반하다 보니 주식 시장에서 가치(Value)에 큰 할인율을 적용할 수밖에 없다. 반면 수수료는 리스크가 없으므로 가치를 할인할 이유가 없다. 네이버의 주가가 꾸준히 우상향할 수밖에 없는 이유다.

내가 몸담고 있는 엔터테인먼트 분야도 마찬가지다. 카카오는 카카오M을 통해 많은 엔터테인먼트사를 인수합병했다. 배우 이병헌의 소속사인 'BH엔터테인먼트'나 공유의 소속사인 '매니저먼트 숲'과 같은 회사들이다. 영화 제작사인 '월광'이나 '사나이픽쳐스'도 직접 인수했다. BH엔터테인먼트의 손석우 대표나 매니지먼트 숲의 김장균 대표 모두 내가 개인적으로 잘 아는 분들이라 이들이 업계의 신사라는 사실은 잘 알고 있다. 업계 내의 평판 등을 고려할 때 좋은 회사를 인수한 것은 맞다. 하지만 회사의 규모나 업계의 지배력 등을 고려할 때, 수익성 높은 파이프라인을 계속 만들어낼 수 있을지에 대해서는 확신이 없다.

반면 네이버는 최근에 '에스엠' 지분을 인수해 2대 주주로 올라섰다. 두 회사의 경영방식에 차이가 느껴진다. 네이버는 이미 성장한 업계 선두의 엔터테인먼트 기업과 협업을 통해 컨텐츠 사업을 펼치지만, 카카오는 실질적 지배가 가능한 소규모 업체 여러 개를 직접 인수해 컨텐츠 제작에 뛰어드는 모양새다. 금융업에서와 같은 전략이다. 에스엠은 이미 검증된 국내 최고의 뮤직 관련 회사다. 수준 높은 콘텐츠나 아티스트 그룹을 계속 만들 수 있는 능력을 가진 회사다. 금융업에서와 마찬가지로 네이버의 모델이 더 안정적이라는 생각이다.

혹자들은 네이버가 내수밖에 없는 회사라고 한다. 하지만 나는 의견이 다르다. 이미 웹툰은 네이버가 세계 1위의 업체이고, 모바일 메신저로 시작한 라인은 일본과 동남아에서 리딩업체이고, 이를 바탕으로 금융업에도 진출한 상태다. 글로벌화의 첫 단추를 잘 끼운 회사다. 그리고 글로벌화가 여기서 멈추지도 않을뿐더러 꾸준히 성장한다.

BTS는 2020년 6월 14일 인천 파라다이스 시티에서 '방방콘 더라이브'라는 관객 없는 콘서트를 열었다. 이 콘서트는 온라인을 통해 미국, 영국, 중국 등 전 세계 107개국에 라이브로 중계되었다. 팬클럽 회원에게는 29,000원, 미가입 회원에게는 39,000원에 티켓을 판매했는데, 공연의 최대 동시 접속자는 75만 6,600여 명에 달했고, 최소 220억 원이 넘는 매출을 올렸을 것으로 추정되고 있다. BTS 관련 MD판매까지 합하면 매출은 더 늘어날 것이다. BTS의 소속사인 빅히트 관계자는 "최대 동시 접속자가 75만 6,600여 명에 달했다는 것은 5만 명 이상을 수용할 수 있는 스타디움 공연을 15회 개최한 것과 맞먹는 것"이라고 자평했다.

네이버도 4월과 5월에 '비욘드 라이브'라는 타이틀을 내걸고 에스엠 소속 뮤지션들과 온라인 유료 콘서트를 선보였다. 에스엠의 아티스트들이나 향후 발굴할 신인 아티스트들의 온라인 콘서트를 라이브로 보여주는 네이버의 인터넷 플랫폼은 전 세계 100여 개국에서 콘서트 관련 플랫폼으로 자리매김을 할 것이다. 라이브 콘서트 관련 글로벌화된 플랫폼을 갖게 되는 것이다. 네이버는 국내에서는 독점적 지배력을 바탕으로 한 무궁무진한 확장성을 보여줄 것이고, 해외에서도 K-Pop이나 웹툰과 결합한 경쟁력 있는 플랫폼을 계속 만들고 성장시켜 나갈 것이다. 20년 후가 가장 기대되는 종목이다.

자녀에게 물려줄 두 번째 주식은 삼성바이오로직스다. 삼성바이오로직스는 국내외 제약회사의 첨단 바이오의약품을 위탁 생산하는 바이오시밀러 CMO(Contract Manufacturing Organization) 사업을 하고 있다. 신약을 개발하는 회사도 아니고(물론 신약개발 자회사가 있지만), 다른 회사의 의약품을 위탁 생산하는 정도의 업체라 큰 기대를 한 종목이 아니었으나 최근 TSMC의 행보를 보고 생각이 바뀌었다.

TSMC는 주문형 반도체를 위탁생산하는 파운드리 기업이다. 삼성바이오로직스와 그 사업모델이 똑같다. 단지 TSMC는 반도체 부문이고, 삼성바이오로직스는 바이오시밀러 분야라는 것이 차이점일 뿐이다. 파운드리 업계는 전형적인 장치 산업이다. 장치 산업은 시장 점유율이 모든 것을 결정하는 특징이 있다. 2008년대부터 2012년까지 반도체 업체들이 D램 시장을 놓고 치킨게임을 벌였는데, 삼성전자는 별 타격이 없었던 반면, 독일의 키몬다나 일본의 엘피다는 심각한 적자를 견디다 못해 파산하게 된다. 엘피다는 일본의 히타치, NEC, 미쯔비시가 힘을 합친 메모리 반도체 회사다. 엘피다가 치킨게임에서 패한 이유는 오로지 낮은 시장 점유율 때문이다.

장치 산업은 시장 점유율이 높아지면 원가는 급속히 떨어지게 되는 특징이 있다. 반대로 시장 점유율이 낮으면 원가는 급속히 올라가게 된다. 선발업체가 가격을 낮추면 후발 업체는 백약이 무효한 상황에 처하게 된다. 그래서 장치 산업에서 일단 1등을 하면, 특별한 사건이 생기지 않는 한 그 순위가 변하지 않는다. 파운드리에서도 TSMC와 삼성전자의 격차가 날이 갈수록 벌어지고 있는 이유도 장치 산업의 특성 때문이다. 같은 원리로, 다른 업체들이 메모리 반도체 분야에서 삼성전자를 따라오지 못하는 이유도 장치 산업의 특성 때문이다.

구분	1공장	2공장	3공장
위치	인천 송도	인천 송도	인천 송도
규모	30,000L (5,000L×6기)	154,000L (15,000L×10기, 1,000L×4기)	180,000L (15,000L×12기)
공사기간	25개월	29개월	35개월
공사비용	3500억 원 (3억 달러)	7000억 원 (6억 5,000달러)	8500억 원 (7억 4,000달러)
현황	상업생산	상업생산	상업생산

자료 6-3. 연도별 시가총액 상위 10위 기업

코로나19의 발생은 전염성 강한 질병이 언제라도 발생할 수 있다는 가능성을 열어 두었고, 그래서 미국이나 유럽의 제약회사들도 항상 전염의 확산에 의한 자국의 공장폐쇄를 염두에 둬야 하는 상황에 놓이게 되었다. 생산을 다원화해 아시아의 물량은 아시아 내에서 공급하도록 해야 한다는 공감대가 형성된 것이다. 굳이 코로나19가 아니더라도, 고령화 등의 요인으로 CMO의 수요는 점차 증가하는 추세다. 바이오시밀러의 위탁생산은 이미 성장산업의 한 축이 되었다.

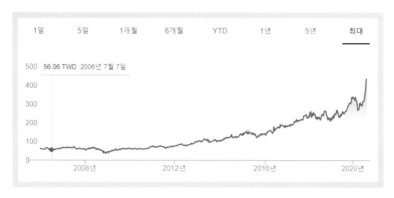

자료 6-4. TSMC의 주가 추이

TSMC의 금년 상반기 영업이익은 10조 300억 원으로 삼성전자의 9조 4,600억 원보다 많다. 시가총액도 삼성전자는 약 370조 원 수준인 데 반해, TSMC의 시가총액은 400조 원이 넘는다. TSMC는 순전히 주문형 반도체의 위탁생산으로만 이뤄낸 성과다. 삼성바이오로로직스의 시가총액은 현재 약 50조 원 수준이다. 삼성바이오로직스도 장기적으로 TSMC의 성장곡선을 그대로 따라갈 것이라고 생각한다. 현재의 TSMC는 미래의 삼성바이오로직스다. 꾸준한 우상향이 기대되는 종목이다.

앞의 2종목은 부모로서 자녀에게 물려주고 싶은 주식에 대한 생각을 정리한 것일 뿐, 추천은 아니니 독자 여러분도 공부해보고 직접 판단해보기 바란다.

2021년의
예상 포트폴리오

2021년의 승부주로 나는 웹툰 플랫폼 기업인 '웹툰엔터테인먼트(네이버웹툰)/카카오페이지'와 '지노믹트리/이오플로우'의 2종목을 생각하고 있다. 이 장에서는 내가 어떤 종목을 어떤 판단에 근거해 선택하는지 그 과정을 보여주는 것일 뿐 해당 종목을 추천하는 것은 아니다. 당연한 이야기지만 종목 선정에 대한 선정과 판단은 독자분들의 몫이고, 책임도 독자분들의 몫이다.

주력 종목들

웹툰 플랫폼 기업들[웹툰 엔터테인먼트(네이버 웹툰) / 카카오페이지]

'웹툰 엔터테인먼트'는 2021년에 상장 예정인 네이버의 자회사인데, 나는 이 종목을 80% 비중의 최선호주 후보로 생각하고 있다.

나는 국내보다는 할리우드에서 영화제작을 하기 위해 2006년부터 꽤 많은 노력을 해왔다. 하지만 우리나라에서 처음 시도를 하다 보니 현실적으로 어려운 점들이 많았다. 무엇보다도 국내에서 영화 투자를 받는 것이 제도적으로 막혀 있었다. 2007년에 나는 영국 작가가 쓴 시나리오를 구매해서 영화를 만들 결심을 해 미국 감독과 접촉을 했다. 어렵게 미국 감독을 스카우트했고, 마침 그 감독의 전작에 출연했던 주연배우가 출연을 약속했다. 촬영은 보조금을 많이 지급해주는 남미에서 할 계획이었다.[4] 하지만 우리나라 영화 펀드에서 이런 영화에 투자하는 것이 원천적으로 불가능하다는 것을 후에 알았기에 하는 수 없이 포기를 해야만 했다. 한국의 영화사가 제작을 하더라도 외국 감독을 고용해서 외국 배우와 해외에서 촬영하는 영화에는 투자가 금지되어 있었다. 이해할 수 없는 규정이었다.

〈조선일보〉 기사는 이와 관련된 나의 이야기를 기사화한 것이다. 〈전자신문〉의 기사는 우리나라 CG회사가 해외영화의 물량을 수주할 경우, 해당 영화에 투자를 허용해야 우리 CG업체가 글로벌화 될 수 있다는 취지의 글로 내가 기고한 것이다. 어쨌든 이 기사를 계기로 우리나라 업체들이 참여하는 해외영화에 제한적이나마 투자할 수 있는 길이 생겼다는 점이 보람이라고 하겠다. 순수한 해

---

4. 멕시코에서 촬영할 계획을 세웠을 때에는 멕시코 주지사가 전용 비행기를 보내주겠다고 했다. 외국에서는 해외영화 유치에 그만큼 관심이 많다.

외영화는 둘째 치고라도, 우리나라 영화사들이 참여하는 영화까지 법적으로 규제를 했으니 최소한 이러한 규제만이라도 풀어야 한다는 게 나의 일관된 주장이었다. 어쨌든 나의 할리우드 도전이 성공을 거뒀다고 할 수는 없지만, 그래도 계속 노력하다 보니 많은 인맥이 생겼고, 할리우드의 영화제작 구조에 대한 이해도를 높일 수 있었다.

[콘텐츠포럼] CG산업의 가치와 투자 필요성

발행일 : 2009.12.15   ⊙ 기사만 콕   f ✉ ★   가 가 🖨

[AD] [DS&G] NVIDIA T4로 시작하는 차세대 딥 러닝! 슈퍼마이크로 인퍼런스 GPU서버

국내 영화 컴퓨터 그래픽(CG)업계는 10여년 전만 해도 기술력이 주요 선진국에 비해 상당한 열세였으나 최근에는 인력대비 결과물에서 오히려 선진국을 넘어서고 있다. 그러나 한국 영화를 견인했던 CG업계는 최근 침체로 인해 매우 어려운 상황에 처해 있다. CG기술을 성장시켰던 우수 인력의 대거 이탈이 예고돼 있어 어렵게 쌓아 올린 기술·산업적 성취가 붕괴되기 직전에 이르렀다.

국내 CG업체들이 산업적 성공을 이룰 수 있는 유일한 방법은 할리우드 진출이다. 만약 한국 업체가 안정적인 CG 파이프라인 축적으로 국제 경쟁력을 확보한다면 CG 수출액은 획기적으로 증가해 외화획득과 고용창출 면에서 국가경제에 크게 기여할 것이다.

하지만 현재 경쟁국가에서 제공하는 정부 보조금이 한국 CG기업의 경쟁력을 격하시키고 있다. 실례로 독일 정부는 CG 예산의 25%를 보조금으로 지급한다. 그러므로 우리나라 업체가 독일 업체와 같은 가격 경쟁력을 갖기 위해서는 25% 이상 저렴해야 하는데 이는 현실적으로 불가능하다. 이와 같이 정부에서 CG 자국 투자유치를 위해 지원하는 나라는 독일에 국한되지 않는다. 캐나다·남아공·프랑스·영국·뉴질랜드·호주·싱가포르 및 미국 여러 주 등이 모두 정부에서 세제감면을 해주거나 보조금을 지급하는 나라다.

자료 6–5. 2009년 12월 15일 〈전자신문〉 기고문의 일부

출처 : 〈전자신문〉

[어수웅 기자의 촉촉한 시선] 한국영화 수출, 틀을 깨려면…

어수웅 주말뉴스부장

입력 2008.04.04 00:18 | 수정 2008.04.07 10:13

'외출'과 '가족의 탄생'을 만든 제작사 '블루스톰' 배용국 대표의 최근 고민을 들을 기회가 있었습니다. 충무로 보릿고개를 넘을 새로운 돌파구에 관한 이야기였죠. 공대를 졸업한 뒤 월급 많이 주던 정유회사를 다니다가 절친한 대학 동창 조성우 음악감독의 꾐(?)에 넘어갔다는 그는, 자신의 독특한 이력만큼이나 색다른 실험을 시도하고 있더군요.

가령 이런 겁니다. 휴대폰과 자동차 수출처럼 영화도 발상의 전환을 해 보자는 것이죠. 사실 휴대폰과 자동차는 우리나라 수출 최고의 '효자'이자 국가 이미지를 높인 상품이지만, 부품 상당수는 외국에서 수입한 것이잖습니까. 마찬가지로 한국의 제작사가 각각의 국가에서 감독·배우·시나리오 등 경쟁력 있는 요소를 결합해서 제작을 마친 뒤 큰 시장을 노려보자는 것이죠. 물론 해외합작 사례는 전에도 있었습니다. 하지만 배 대표는 아예 외국 감독, 외국 배우, 외국 시나리오를 써서 완성하는 극단적 경우를 꿈꾼 것이죠.

자료 6-6. 2008년 4월 4일 〈조선일보〉 기사의 일부

출처 : 어수웅 기자, '한국영화 수출, 틀을 깨려면…', 〈조선일보〉, 2008년 4월 4일자 기사

2009년 SK텔레콤이 할리우드 진출을 계획한 적이 있었는데, 미국 시장을 잘 안다는 이유로 내가 SK텔레콤에서 컨설턴트로 약 1년 정도 일할 기회가 있었다. SK텔레콤에도 영화팀이 있었지만 국내 영화에 전념하고 있었을 뿐 할리우드 영화에 대한 이해나 인맥이 없었기에 내가 컨설턴트 역할을 한 것이다. 이와 관련해 할리우드의 스튜디오와 여러 차례 만나 협업을 논의한 적이 있었다. 특히, 2009년 6월 출장이 기억나는데, 나는 비버리힐스의 한 호텔에 묵고 있었다. 시차 때문에 늦게 잠이 들었는데 호텔이 시끌시끌했다. 무슨 일인가 싶어 TV를 틀었더니 'Michael Jackson Homicide(마이클 잭슨 살해)'라고 하는 속보가 떠서 놀랐던 적이 있었다.

나는 그 당시 '마블 스튜디오'와의 미팅에 나름대로 비중을 두고 있었는데, 그 이유는 마블 스튜디오가 할리우드의 미래라고 생각했기 때문이다. 할리우드에서는 한때 미라맥스(Miramax)를 중심으로 한 저예산 영화의 바람이 분 적이 있었다. 미라맥스는 2017년 미투(Me-Too) 운동을 촉발시켰던 웨인스타인(Weinstein) 형제가 설립한 저예산 중심의 배급사로 〈펄프픽션〉, 〈저수지의 개들〉, 〈굿윌헌팅〉, 〈킬빌〉, 〈스크림〉 등 주옥같은 작품들을 많이 남겼다. 그래서 메이저 스튜디오들도 저예산 독립 레이블을 따로 육성할 정도였다. 20세기 폭스의 〈폭스 서치라이트〉, 소니콜롬비아의 〈소니 클래식〉 등이 〈미라맥스〉에 맞서는 대표적인 저예산 독립 레이블이다.

하지만 시대는 변하고 있었고, 메이저 스튜디오들은 대규모 예산이 투입되는 2~3개의 영화로 1년 장사를 끝내는 시대로 들어서고 있었다. 이를 텐트폴(Tent pole) 영화라고 하는데, 텐트의 중심에 있는 막대(Pole)가 텐트를 받치고 있듯 텐트폴 영화들이 스튜디오의 1년 장사를 받치고 있다는 의미다. 텐트폴 영화는 블록버스터보다 더 큰 규모의 영화를 말하기도 한다. 텐트폴 영화는 어마어마한 예산이 들어가기 때문에, 위험(Risk)을 낮추는 것이 최우선이고, 위험을 낮추려면 대중들에게 친숙한 캐릭터가 등장하는 것이 절대적으로 유리하다. 미국의 최대 성수기인 5월만 되면 프랜차이즈 영화들이 줄줄이 나오는 것도 이런 이유 때문이다.

마블 스튜디오는 코믹북 출판사인 '마블 코믹스'로부터 유래한다. 1939년 설립된 마블 코믹스는 〈스파이더맨〉[5], 〈아이언맨〉, 〈캡틴 아메리카〉, 〈엑스맨〉, 〈헐크〉, 〈판타스틱 포〉, 〈토르〉 등의 IP(Intellectual Property)를 가지고 있다. 따라서 이들 영화를 제작할 원천 권리를 마블 스튜디오가 가지고 있다. 마블 코믹스 외에 인기 캐릭터의 IP를 보유하고 있는 회사는 '하스브로(Hasbro)' 정도인데, 〈지아이조〉, 〈트랜스포머〉 등이 하스브로에 속한다. 지구인들이 사랑하는 히어로 캐릭터들의 IP를 다수 보유하고 있다는 점에서 향후 할리우드 영화의 가장 큰 기대주는 단연 마블 스튜디오였다. 이런 이유로 나는 내심 마블 스튜디오를 SK텔레콤의 협업 1순위로 꼽았던 것이다.

---

5. 마블이 스파이더맨의 권리를 소니콜롬비아에 양도했기 때문에 이와 관련된 권리는 현재 소니콜롬비아에 있다. 따라서 스파이더맨 관련 영화를 제작할 때는 마블스튜디오(현재 월트 디즈니)도 소니콜롬비아와 합의를 해야 한다.

마블 스튜디오 측과 가십(Gossip)성 잡담도 섞어가면서 미팅을 했는데, 그중에는 마블 스튜디오의 오너에 관한 이야기도 있었다. 그는 평생을 펑펑 써도 남을 돈을 가지고 있었지만, 쇼핑은 항상 코스트코에서만 하는 것으로 유명하다. 재산을 물려줄 자녀들도 없다. 나이는 점점 들어가는데 과연 마블 스튜디오를 어떻게 할 것인지 나도 궁금했다. 그런데 미팅을 마치고 2~3일 후에 디즈니가 마블 스튜디오를 흡수 합병한다는 공식 발표가 있었다. 그 이야기는 며칠 전 공들여 한 미팅이 헛수고가 되었다는 것을 의미한다. 왜냐하면 마블의 모든 권한은 사실상 디즈니로 넘어갔기 때문이다. 그 소식을 듣고 공허한 허탈감이 밀려왔지만, 한편으로는 마블의 오너는 '마블 스튜디오를 어떻게 처리할까?'에 대한 의문이 풀리기도 했다.

내가 장황하게 마블 스튜디오에 대해 이야기를 한 것은 웹툰엔터테인먼트가 제2의 마블이 될 가능성이 있기 때문이다. 마블 코믹스는 만화책을 통해 캐릭터들을 개발했고, 대중에게 친숙해진 캐릭터를 통해 자연스럽게 영화 제작의 단계로 넘어가게 된 것이다. 웹툰 엔터테인먼트도 웹툰을 통해 대중들에게 친숙한 캐릭터들을 개발하고, 이를 기반으로 영화를 제작하면 큰 성공을 거둘 수 있다. 〈아이언맨〉, 〈캡틴 아메리카〉, 〈스파이더맨〉, 〈어벤져스〉, 〈트랜스포머〉 등이 캐릭터들을 이용해 영화를 성공시킨 예들이다.

캐릭터가 아닌 스토리로 승부를 할 수도 있다. 미국 배급사 중에 서밋 엔터테인먼트(Summit Entertainment)가 있었다. 지금은 라이온스 게이트(Lions Gate)와 합병해 없어졌지만, 우리에게 잘 알려진

'트와잇라이트(Twilight) 시리즈'를 제작했고, 수조 원의 매출을 올려 일거에 메이저급 스튜디오로 부상한 회사다. 트와잇라이트는 소설로 대중들에게 큰 인기를 끈 후, 시리즈로 개발된 영화다. 〈헝거게임〉, 〈해리포터〉 등이 소설을 기반으로 해서 큰 성공을 거둔 영화들이다.

이런 식으로 미국인 사이에서 인기 있는 웹툰을 기반으로 해서 영화를 만들면 성공을 거둘 가능성이 높아진다. 웹툰엔터테인먼트가 바로 그러한 성공 여건을 갖추고 있는 것이다. 웹툰엔터테인먼트는 미국을 비롯한 100개국 이상에서 1위에 오른 웹툰 플랫폼이다. 이 회사가 크게 성공할 수 있었던 이유는 회사의 시스템에 있다. 미국의 기존 코믹스 회사들과 달리 웹툰엔터테인먼트는 작가들에게 많은 수익분배를 한다. 그렇기 때문에 좋은 작가들이 몰리고, 이는 다시 구독률을 높이는 선순환을 만들어내는 것이다.

네이버는 웹툰 서비스를 미국 법인인 웹툰엔터테인먼트 위주로 재편하고 있다. 즉, 웹툰엔터테인먼트가 한국(네이버 웹툰), 일본(Line Digital Frontier), 중국 등을 모두 총괄하는 형태로 웹툰 사업 경영통합을 진행 중이다. 본래는 우리나라 주식 시장에 상장할 계획을 갖고 있었는데, 이와 같이 조직개편을 한 의도로 봐서 아마도 나스닥에 상장하는 것으로 계획을 바꿨는지도 모르겠다. 이러한 형태로 조직개편을 한 의미는 웹툰엔터테인먼트를 제2의 마블로 성장시켜 보겠다는 포부를 밝힌 것이라고 생각한다. 굳이 영화나 드라마로 제작을 하지 않더라도, 웹툰 자체로도 큰 성공을 거둘 수 있다.

카카오페이지도 네이버의 웹툰엔터테인먼트와 비슷한 관점으로 봐야 한다. 카카오페이지는 웹툰, 웹소설 관련 플랫폼인데, 해당 콘텐츠의 매출이 폭발적이다. 2020년 6월 카카오 주식 상승의 원인이 웹툰의 폭발적 성장세 때문이라는 분석이 있을 정도다. 카카오 재팬[6]의 일본 웹툰 플랫폼인 '픽코마'의 성장세가 폭발적이다. 이러한 픽코마의 성장세를 카카오페이지가 강력하게 뒷받침해주고 있다. 일본에 익숙한 분들은 알겠지만, 일본 사람들은 만화를 사랑하는 민족이며, 지하철을 타면 대부분이 만화책을 보고 있고, 서점에 가도 만화책이 핵심 매대를 차지하고 있다.

나는 웹툰도 한류의 일부라고 생각하고, 일본의 웹툰도 한류의 발전방향과 비슷하게 진행할 것으로 예상한다. 한류와 비교했을 때 픽코마의 위치는 현재 어느 정도에 와 있는 것일까?

웹툰 산업은 현재 성장 사이클의 중초반 정도라고 생각하고 있다. 10단계로 생각하면 4단계 정도다. 향후 발전 정도를 예상하자면, 웹툰 자체로도 더 많은 작가와 독자들을 끌어들여 크게 성장을 할 것이고, 웹툰의 풍부한 콘텐츠를 이용해 영화, 드라마, 게임 등 2차 콘텐츠를 개발할 것이다. OSMU(One Source Multi Use) 전략이다. 그리고 2차 콘텐츠를 이용해 다시 캐릭터를 만들어 판매하는 등의 부가사업이 가능할 것이다. 일본에서 흥행에 성공하는 영화는 2종

6. 2017년부터 카카오와 카카오페이지가 3차례 유상증자를 단행하며 각각 79.5%, 19.9%의 지분을 나눠 가졌다.

류다. 하나는 할리우드의 블록버스터이고, 다른 하나는 일본 내 TV에서 성공한 드라마나 도서를 원작으로 하는 영화들이다. 웹툰이 성공을 하면, 영화나 드라마로 만들어져서 성공할 확률이 그만큼 높아지기 때문에 원천소스로써 가치가 크다. 아직은 웹툰엔터테인먼트나 카카오페이지에 대한 자료가 충분하지 않아 정확한 평가는 어렵지만, 향후 성장성으로 봤을 때 꾸준한 우상향이 기대되는 종목이다.

카카오페이지의 2019년 매출은 2,570억 원, 영업이익은 305억 원이었다. 약 2조 원 이상의 기업가치 추정치에 비해 300억 원의 영업이익은 상대적으로 적다는 지적이 있지만, 나는 영업이익 300억 기준으로 시가총액 3조 원의 가치는 충분하다고 생각한다. 2020년 실적이 발표되면 기업가치는 더 늘어날 수 있을 것이다. 웹툰 플랫폼 종목들은 성장성이 뚜렷한 만큼 장기적으로 고(高)PER에 매수해 저(低)PER에 매도하는 전략이 유효할 것으로 보인다.

2019년 1월에 소량이지만 처음으로 매수했던 종목이 '디앤씨미디어'였다. 그만큼 웹툰의 가능성을 높게 보고 있었다. 그 당시 13,800원에 매수를 했다. 그런데 얼마 후 카카오페이지와 네이버웹툰이 곧 상장할 것이라는 기사를 봤다. 그래서 콘텐츠를 제공하는 업체보다는 플랫폼 기업에 집중하는 것이 좋을 것 같아 디앤씨미디어를 매도했다. 그리고 두 플랫폼 기업의 상장을 기다렸지만, 일정은 계속 연기되었다. 나는 지금 2년째 카카오페이지와 웹툰엔터테인먼트의 상장을 기다리고 있는 셈이다. 카카오페이지는 국내에 상장하고 웹툰엔터테인먼트는 나스닥에 상장할 것으로 예상된다. 만약 상장이 이렇게 늦어질 것으로 예상했다면 아마도 디앤씨미디어를 매도하지 않고 추가 매수를 했을 것이다. 디앤씨미디어는 2020년 6월 30일 현재 29,300원이다. 110%가 넘는 수익률이다. 웹툰 플랫폼 기업들도 향후 이를 능가하는 성장세를 보일 것으로 기대한다. 물론 판단은 각자의 몫이다.

지노믹트리 & 이오플로우 : 제2의 메디톡스

이 종목들은 20% 비중의 차선호주 후보다. 바이오업종은 신약을 개발하고 임상에 성공해 미국 FDA로부터 시판허가를 받는 꿈을 가지고 있다. 이런 관점에서 신라젠, 헬릭스미스 등이 급등을 한 적 있다. 하지만, 이들 업체들은 임상3상을 성공으로 마무리하지 못했다. 가정을 해서, 만약 이들 업체들이 임상에 성공해 FDA로부터 시판허가를 받았다고 하자. 그럼 그때부터 성공이 보장될까? 그렇지 않다. 신제품은 개발보다 판매가 더 어렵기 때문이다.

우리나라 최초로 미국 시장에 진출한 신약은 LG생명과학의 항생제인 '팩시브'다. 하지만 이 약의 2019년 매출은 22억 원에 불과해 상업적 성공에 실패했다. 제품의 개발과 시장의 개발은 다른 이야기다. 아무리 좋은 제품을 개발해도 시장을 개척하지 못하면 성공할 수 없다. 우리나라의 중소기업이 좋은 제품을 개발해도 세계 시장을 개척하기란 쉽지 않다. 세계에서 최초로 MP3플레이어를 만들었던 회사는 우리나라의 새한정보통신이었다. 하지만, 이 회사는 MP3 시장을 제대로 개척해보지도 못하고 역사에서 사라지는 비운을 맞이했다. 대신 후발주자인 애플의 MP3 플레이어 아이팟은 세계적인 히트상품이 되었다. 기존에 없는 새로운 형태의 제품을 성공시키기는 정말 어렵다. 그런데 만약 다국적 기업이 어떤 제품을 개발해 시장 개척에 성공했는데, 우리나라 중소기업이 똑같은 용도의 제품을 더 좋은 품질로, 하지만 더 낮은 가격에 판매한다면 성공 가능성이 한층 높아지지 않을까? 거대 기업이 세계 최초로 자동차를 개발한 후 천문학적인 돈을 들여 도로도 건설하고 신호등도 놓고 주유소도 놓아서 자동차를 판매할 수 있는 기반을 다져 놓았다면, 후발 기업은 단지 자동차를 더 좋은 품질로 더 싼 가격에 만들기만 하면 된다는 것이다.

지노믹트리의 주력 상품은 대장암 진단키트인 '얼리텍 콜론 캔서(Earlytect Colon Cancer)'다. 만약 지노믹트리가 세계 최초로 대장암 진단키트를 개발해 미국 시장을 개척해야 한다면 천문학적인 마케팅비와 오랜 시간이 걸릴 것이다. 미국의 병원을 설득하지 못해 제품이 묻힐 수도 있고, 소비자들에게 어필하지 못해 제품이 사장될 수도 있다.

하지만 대장암 진단키트 시장은 미국의 이그젝트 사이언스(Exact Science, 나스닥 코드 : EXAS)에 의해 이미 커다란 시장으로 형성이 되었다. 시장이 존재하는지에 대한 의심은 거두고 지노믹트리의 얼리텍(EarlyTect)과 이그젝트 사이언스의 콜로가드(Cologuard)를 비교해보자.

구분	얼리텍(EarlyTect, 지노믹트리)	콜로가드(Cologuard, 이그젝트 사이언스)
측정시간	8시간	26시간
필요분변	1그램	분변 전체
가격	350달러	650달러
민감도	90	92
특이도	90	87
원천기술	YES	NO

자료 6-7. 지노믹트리 제품과 이그젝트 사이언스 제품의 성능 비교

자료 6-7은 지노믹트리의 제품과 이그젝트 사이언스의 제품을 비교한 것으로, 중요한 차이점들은 다음과 같다.

첫째, 측정시간이다. 얼리텍은 8시간이면 결과가 나오지만, 콜로가드는 26시간이 필요하다.

둘째, 필요한 분변(대변)의 양이다. 얼리텍은 신테칸2라는 바이오마커(Biomarker)를 찾아 유전자증폭을 하는 방법인데, 콜로가드는 10여 개의 바이오마커가 필요하다. 그래서 얼리텍은 1그램의 분변만 있으면 되지만, 콜로가드는 대변 전체가 필요하다.

셋째, 가장 중요한 요소인 가격도 얼리텍이 콜로가드의 50% 수준에 불과하다. 이 제품은 상표보다는 성능과 가격이 중요하다. 얼리텍이 성능이나 가격 면에서 유리하므로 콜로가드보다는 더 보편적으로 사용될 가능성이 크다. 현재 미국에서는 보험처리가 가능하므로 고객들이 자기부담금 없이 제품을 활용하고 있다.

넷째, 민감도는 대장암 환자를 대장암 환자로 판명하는 것이고, 특이도는 대장암 환자가 아닌 사람을 대장암 환자가 아닌 사람으로

판명하는 것이다. 민감도와 특이도는 두 회사 제품이 비슷하다.

다섯째, 원천기술의 유무다. 얼리텍은 지노믹트리가 직접 개발해 원천기술을 가지고 있지만, 콜로가드는 이그젝트 사이언스의 기술로 개발된 것이 아니고, 원천기술을 라이선스해서 사용하고 있다.

결론적으로, 모든 면에서 얼리텍이 콜로가드보다는 경쟁력이 있으므로, FDA승인을 획득하면 미국 시장에서 얼리텍이 대장암 진단키트의 주류 제품으로 올라설 가능성이 크다. 그리고 치료약은 병에 걸린 사람들만을 대상으로 하지만, 진단키트는 건강한 사람들을 대상으로 하기 때문에 치료제보다 시장이 훨씬 광범위하다.

얼리텍이 FDA의 임상을 통과할 것인지가 관건인데, 나는 문제가 없다고 생각한다. 그 이유는 우리나라 식품의약품안전청에서 승인을 받아 이미 시판 중인 제품이기 때문이다. 우리나라 식품의약품안전청도 미국 FDA에 버금갈 만큼 까다롭다. 우리나라에서 허가가 난 제품이 미국에서 승인을 받지 못할 이유는 없다고 생각한다. 물론 얼리텍이 인체를 대상으로 임상을 한다면 굉장히 까다롭기 때문에 허가를 장담할 수 없을 것이다. 하지만 얼리텍의 임상은 대변을 가지고 민감도와 특이도 등을 테스트하는 것이다. 이미 민감도와 특이도는 수치로 나와 있으므로, FDA의 승인을 받지 못할 이유가 없다.

지노믹트리는 이미 미국에 '프로미스 다이아그노스틱(Promis Diagnostic)'이라는 자회사를 캘리포니아 주에 설립해 임상을 준비하고 있다.

이그젝트 사이언스의 2019년 매출은 8억 7,600만 달러(약 1조 500억 원)이다. 2019년에 콜로가드를 사용한 사람은 168만 명이었는데, 이는 전년 대비 80% 증가한 수치다. 즉, 성장성이 매우 큰 시장이다. 2020년 6월 30일 현재 주가는 86.94달러이고, 시가총액은 130.3억 달러(약 15조 6,000억 원)다. 이에 비해 지노믹트리의 시가총액은 2020년 6월 30일 현재 3,408억 원에 불과하다.

우리나라에서도 현재 1,000여 개의 병원에서 얼리텍을 채택하고 있는데, 대웅제약과 같이 프로모션을 하고 있으므로 이 제품의 채택 병원은 더 늘어날 것이다. 얼리텍이 사용의 편리함 때문에 노령층을 중심으로 시장을 확대하고 있는 상태이지만, 대장 내시경이 저렴해 얼리텍의 가격 메리트가 떨어지므로 국내 시장에서는 큰 성과를 거두기는 어렵다고 생각한다. 하지만, 만약 얼리텍 제품에 건강보험이 적용된다면 매출이 탄력적으로 증가할 것이다.

미국의 이그젝트 사이언스는 오로지 대장암 진단키트만을 생산하다가 최근에 유방암 진단키트인 온코타입(Oncotype)으로 유명한 지노믹 헬스(Genomic Health)를 인수했다. 하지만, 지노믹트리는 대장암 외에 다른 암 진단키트도 자사의 원천기술로 제작하며 거의 완성단계다.

첫째로, 폐암 진단키트도 개발이 완료되어 지난 3월에 식품의약품안전청에 제조허가를 신청했으며, 연말에 허가를 받을 것으로 예상된다. 폐암 진단은 바이오 마커인 PCDHGA12 메틸화 여부를 측정해 폐암 여부를 확인하는 방식인데, 민감도 77.8%, 특이도 92.3%

를 기록하고 있다. 독일의 '에피지노믹스사'에서도 'Epi proLung'이라는 폐암 조기진단 제품을 만드는데, 민감도 59%, 특이도가 95%다. 지노믹트리의 제품이 민감도 면에서 훨씬 경쟁력이 있다. 얼리텍 폐암 진단키트는 대장암 진단키트에 비해 시장은 작지만 가격은 더 높을 것으로 추정된다.

둘째, 남녀 혈뇨환자 574명을 대상으로 실시한 탐색 임상 시험에서 방광암 진단에 대해 민감도 84%, 특이도 94%를 나타냈다. 2021년에 식품의약품안전청에 방광암 진단키트의 승인을 신청할 것으로 보인다.

지노믹트리는 대장암, 폐암, 방광암 외에도 위암, 자궁경부암, 간암 등의 파이프라인을 전부 다 가지고 있다. 투자자들은 지노믹트리가 암 관련 진단키트를 모두 만들 수 있는 글로벌 유일의 회사라는 점을 기억해야 한다.

그 외에 대장암 유발 유전자 7종의 돌연변이 진단제품도 식품의약품안전청의 승인을 받은 상태다. 이 제품은 대장암 유발 유전자를 조기에 진단해 향후 검사자가 대장암에 걸릴 것인지를 미리 알려주는 혁신적인 제품으로 전 세계에서 지노믹트리만이 유일한 생산자다. 이 제품도 환자가 아닌 일반인을 상대로 하는 제품이므로, 시장이 매우 광범위하다.

이그젝트 사이언스는 대장암 진단키트가 유일했음에도 불구하고 시가총액이 15조 6,000억 원에 이르렀다. 그러면 대장암뿐 아니라, 폐암과 방광암, 그리고 위암까지 파이프라인을 가진 지노믹트리는 이를 능가하는 가치가 있다고 할 수 있다. 한국기업과 미국기업을 인정해주는 가치가 다르다 할지라도 지노믹트리의 성장성을 높이 평가해야 한다. 진단키트에 의료보험이 적용되기 시작하고, 폐암 진단키트가 식품의약품안전청에서 승인을 받고, 그리고 미국에서 대장암 진단키트가 FDA 임상실험에 들어가면 주가가 지속적으로 상승 모멘텀을 받기 시작할 것이다. 그 이후 FDA승인 등을 받을 무렵이면 본격적인 주가상승이 예상된다.

'이오플로우'도 비슷한 컨셉의 회사다. 이오플로우는 '이오패치'라는 웨어러블 인슐린 펌프를 생산하는 업체다. 이 시장은 미국의 '인슐렛(Insulet, 나스닥 코드 : PODD)'이라는 회사가 15년간 세계 시장을 독점해왔는데, 이오플로우가 세계 2번째로 제품상용화에 성공했다. 인슐렛이 개척한 시장에 이오플로우가 숟가락만 얹는다는 관점에서 보면 지노믹트리와 같다. 인슐렛은 시가총액이 143억 달러(17조 원)에 이르는 기업이다. 인슐렛은 전기기계방식인 데 반해, 이오플로우는 전혀 새로운 전기화학식 방식이라 특허에도 문제가 없고, 성능도 더 뛰어난 데 반해 가격도 저렴하다. 인슐렛의 매출은 7억 달러 수준인데 시가총액은 140억 원 수준으로 PSR이 20배 수준이다. 이오플로우는 2020년 하반기부터 매출이 발생되기 시작했고, 국내 시장은 휴온스가 5년간 독점권을 갖기 위해 이오플로우에 20억 원을 투자했고, 유럽에서는 세계 50대 제약사 중 하나인 메나리니(Menarini)사에서 5년간 독점권을 갖는 대신 최소 1,500억 원의 판매를 보장했다. 회사에서는 실제로 5년간 7,000억 원을 판매할 것으로 예상하고 있다. 이오플로우는 2022년에 500억 원의 매출을 올려 흑자 전환할 것으로 예상되며, 2021년에는 인공췌장을 시판할 예정이고, 세계 최초로 일체형 인공췌장도 개발 중이다. 2020년 가을에 새로 코스닥 시장에 입상할 종목인데, 행오버 우려로 하락할 수 있으나 물량 소화 후 상승이 예상된다.

이 두 회사는 아직 중견회사 수준에는 이르지 못했고, FDA의 승인을 받지 못했기 때문에 최선호주가 아닌 차선호주로 분류했다. 공모를 통해 최근에 자금을 확보했고, 운영비가 많이 드는 회사는 아니므로 재무적 문제는 없다고 판단된다.

두 회사 중에서 나는 이오플로우를 우선적으로 생각하고 있다. 그 이유는 제품의 판매 시기 때문이다. 지노믹트리는 2020년에 미국에서 임상을 개시할 예정이었으나 코로나19 때문에 일정이 지연되고 있다. 아마도 2021년부터 2년간 미국에서 임상을 할 것으로 예상되고, 본격적 판매는 2024년부터 이뤄질 것으로 보인다. 반면 이오플로우는 현재 유럽에서 매출이 이미 발생되기 시작했고, 미국의 시판도 2022년에는 개시될 것으로 보인다. 하지만 시기의 문제이지 지노믹트리도 성장성도 무궁무진하다고 생각하고 있다.

현재는 웹툰엔터테인먼트/카카오페이지, 이오플로우(지노믹트리)를 2021년 내 포트폴리오의 핵심종목으로 생각하고 있다. 그 외에는 녹십자셀에도 관심을 가지고 있고, 미국 주식 중에서는 페이스북과 스타벅스에 관심을 가지고 있다. 이 글에서 제시한 모멘텀들이 현실화되면 주가가 한 단계 오를 수 있다고 생각한다. 나머지 종목들에 대해서도 간단히 설명을 해보겠다.

기타종목들

녹십자셀 : 임박한 이뮨셀-엘씨의 재평가

1세대 항암치료제인 화학약품은 암세포를 죽이기도 하지만, 정상세포까지 같이 죽이는 부작용이 있었다. 암치료를 받을 때 극심한 고통을 호소하고, 머리카락이 빠지는 것들이 모두 1세대 항암치료제의 부작용이다. 2세대는 표적항암제로 암세포를 발현하는 특정 물질을 공격하지만, 내성이 생겨 장기간 성과를 내기가 어려운 단점이 있었다. 이러한 단점을 최소화한 3세대 항암치료제가 바로 면역세포치료제다. 부작용이 적어 정상적인 삶을 살아가면서 치료할 수 있다는 장점이 있다.

GC녹십자의 자회사인 녹십자셀은 이뮨셀-엘씨라는 3세대 항암면역세포치료제를 생산하는 기업이다. 이뮨셀-엘씨는 환자 혈액에서 추출한 면역세포를 특수 배양 과정을 거쳐 항암 효과가 극대화된 면역세포로 변신시켜, 다시 환자에게 투여한다. 그러면 항암 효과가 커진 면역세포가 온몸을 돌면서 암세포를 제거하고 재발을 방지한다. 본인의 혈액에서 채취한 면역세포를 사용하므로 부작용도 없다. 이뮨셀-엘씨를 투여한 환자는 그렇지 않은 환자에 비해 생존기간이 1.5배였고, 재발 비율도 37% 줄어들었다. 이뮨셀-엘씨는

2007년 식품의약품안전청으로부터 간암치료제로 허가를 받은 이후 국내 시장에 판매되고 있다.

이뮨셀-엘씨는 췌장암과 뇌종양에도 효과가 있는 것으로 알려져 있다. 뇌종양 환자의 경우 이뮨셀-엘씨를 병행해 치료했을 때 생존기간이 1.5배로 늘어났다. 녹십자셀은 이뮨셀-엘씨의 췌장암 3상을 최근에 식품의약품안전청에 신청했다.

이러한 가능성을 인정받아 미국 FDA에서는 2018년 이뮨셀-엘씨를 간암, 췌장암, 뇌종양의 희귀의약품으로 지정했다. 다들 알다시피, 우리나라 바이오 회사들이 미국에서 임상을 할 때 가장 문제가 되는 부분은 임상 3상이다. 헬릭스미스, 에이치엘비 등이 모두 임상 3상에서 문제가 생겼다. 임상에는 천문학적인 비용이 드는데, 그 비용의 대부분이 임상 3상 단계에서 발생된다. 하지만 희귀의약품으로 지정되면 임상 3상을 면제받기 때문에 임상기간도 짧고 비용도 크게 들지 않는다. 또한 희귀성 의약품 지위는 7년 동안 시장 독점 기간이 보장된다.

이뮨셀-엘씨는 이미 국내 식품의약품안전청으로부터 간암치료제로 허가를 받아 국내 시판 중인 제품이므로 그 효과는 입증되었다고 할 수 있다. 미국에서는 임상 2상만 완결하면 제품허가가 나므로 간암치료제로 FDA의 승인을 받는 데는 문제가 없을 것으로 예상된다. 녹십자셀이 국내에서 시행한 임상 3상 데이터와 그동안 축적해온 안전성 데이터를 활용해 미국에서의 임상을 잘 마무리 할 것으로 기대하고 있다.

녹십자셀은 차세대 면역항암제인 'CAR-T'개발을 통해 암치료에 혁신을 가져올 것으로 예상된다. 췌장암을 이식한 쥐 실험에서 녹십자셀의 CAR-T후보물질(MSLN-CAR-T)을 2차에 걸쳐 투여하자 암세포가 100% 사멸했다. 이득주 녹십자셀 대표는 "지금까지 전 세계적으로 발표된 35개가 넘는 MSLN(메소텔린, Mesothelin)-CAR-T 치료제 임상시험 중 관해율이 100%에 도달한 것은 녹십자셀이 처음"이라고 했다.

녹십자셀은 2021년 미국에서 췌장암 관련 FDA임상 1상에 들어갈 예정이며, 임상 1상 완료 후 라이선스를 추진할 계획이다. 특히, MSLN-CAR-T와 이뮨셀-엘씨를 병행해 사용할 경우 췌장암에 큰 효과를 낼 것으로 기대하고 있다.

또한 주력 사업인 면역세포치료제 사업 외에도 이뮨셀-엘씨 제조 기술과 생산 노하우를 활용해 CMO(Contract Manufacturing Organization) 사업을 하고 있다. 미국의 세포치료제 연구법인 '아티바 바이오테라퓨틱스'와 녹십자셀로부터 최근 81억 원 규모의 CMO 계약을 체결했다.

녹십자셀은 현재 영업이익을 내는 몇 안 되는 바이오 기업 중 하나다. 앞에서도 말했듯 이뮨셀-엘씨는 이미 한국에서 식품의약품안전청으로부터 허가를 받아 시판 중이므로, 미국에서도 임상2상을 통과하는 데 비교적 낙관적이다. 그렇게 되면, 미국에서 신약허가를 받아 7년간 독점권을 행사할 수 있다. 그 외에 MSLN-CAR-T 치료제가 동물실험 결과 100%의 관해율을 보여 췌장암 치료제로

써 기대가 큰 것도 사실이다. 그럼에도 불구하고 시가총액은 5,000억 원 수준에 불과하다. 녹십자셀은 노바셀이라는 미국 현지 법인을 설립해 본격적인 임상준비를 하고 있는 만큼 내년부터는 순차적으로 임상 절차를 진행할 것이다.

녹십자셀은 향후 이뮨셀-엘씨의 미국 임상 관련 소식이 들려올 때마다 주가는 계단식 상승을 할 것이고, 간암 관련 임상 2상을 성공적으로 끝마치면 큰 폭의 상승이 예상된다. 나머지 뇌종양과 췌장암, 그리고 MSLN-CAR-T는 보너스다. 상승 모멘텀이 많은 종목이나, 시기적으로 멀리 떨어져 있다는 단점이 있다. 2020년 6월 30일 현재 시가총액이 4,900억 원에 불과하다. 장기 투자에 적합한 종목이라고 판단된다.

페이스북 : 왓츠앱과 리브라에 달려 있다

내가 이 종목에 관심을 가지는 이유는 페이스북 때문도 아니고 인스타그램 때문도 아니다. 왜냐하면 이들 플랫폼들의 가치가 주가에 어느 정도 반영된 상태이기 때문이다. 내가 페이스북 주식에 관심을 가지는 이유는 '왓츠앱(What's App)'과 '리브라' 때문이다.

거꾸로 우리나라 기업을 보고 외국 회사의 성장성을 유추해볼 수도 있는데, 우리는 카카오를 통해 왓츠앱의 미래를 볼 수 있다. 카카오는 카카오톡에서 확보한 유저(User)를 바탕으로 수많은 사업을 성공시킨 플랫폼 기업이다. 카카오게임즈, 카카오뱅크, 카카오페이지, 카카오증권 등이 모두 카카오톡의 유저들을 기본으로 한다. 그런데 카카오톡은 독창적인 모델은 아니었고, 원조는 왓츠앱이다. 왓츠앱은 아이폰 출시로 스마트폰 붐이 일던 2009년 초반에 출시된 메신저 애플리케이션으로, 전 세계에서 6억 명 이상의 사용자를 보유하고 있다. 미국과 캐나다, 멕시코, 브라질 등 아메리카 대륙뿐 아니라 유럽 전역과 인도 등 아시아에서도 포괄적으로 사용되고 있다. 나도 여전히 왓츠앱을 통해 해외 친구들과 소통하고 있다. 왓츠앱은 페이스북이 190억 달러(약 23조 원)를 주고 인수해서 지금은 페이스북의 계열사 중 하나가 되었다. 카카오톡이 플랫폼으로써의 역량을 발휘해 게임이나 광고 등의 플랫폼 기업으로 성장했으나, 왓츠앱은 순수하게 '모바일 메신저' 기능에만 집중하고 있다. 이는 뒤집어 보면 향후 왓츠앱을 통한 사업의 기회가 무궁무진하다는 것을 의미한다.

블룸버그는 2018년 12월 페이스북이 암호화폐인 '리브라'를 개발하고 있다고 보도했다. 리브라는 암호화폐의 변동성 문제를 완화한 스테이블 코인이다. 스테이블 코인이란 달러에 연동된 암호화폐다. 즉, 1리브라=1달러의 공식이 적용되며, 법정화폐와 연동해 변동성을 줄이고 신뢰를 강화해 암호화폐의 단점을 보완한 코인이다. 사람들이 리브라에 주목하는 이유는 페이스북의 사용자가 전 세계에 10억 명이나 되기 때문이다. 이들 10억 명이 환전 없이 왓츠앱을 통해 리브라를 마음대로 주고받을 수 있는 것이다.

예를 들면, 내가 미국의 친구에게 1,000달러를 보내려고 하면 지금은 은행에 가서 달러로 바꾼 후 SWIFT 시스템을 통해 달러를 송금했다. 그러면 원화를 달러로 바꾸는 데 수수료가 들고, 추가로 송금수수료가 7만 원 정도 더 들어가며, 달러를 수령하는 데도 1~2일 정도가 소요된다. 굉장히 불편하다. 하지만 리브라는 왓츠앱을 통해 메시지를 보내듯 송금하면 되고, 미국의 친구가 실시간으로 돈을 받을 수 있다. 환전할 필요도 없고, 은행의 SWIFT 시스템을 통할 필요도 없으니 수수료도 들지 않는다.

스테이블 코인을 만들어서 구동시킨다는 것은 암호화폐 시장에서도 달러가 작동하는 시대가 온다는 뜻이다. 즉, 오프라인뿐 아니라 온라인상에서도 달러가 기축통화가 되는 것이다. 또한 스테이블 코인이 발행된 만큼 달러가 잠기게 되므로, 요즘 같이 달러의 유동성이 넘쳐 부작용이 속출하는 시대에 부작용 없이 달러의 과도한 유동성을 해결할 수 있는 방법이기도 하다. 그런 면에서 볼 때 미국 정부로서는 리브라를 반대할 이유가 없다. 하지만 은행 등 기존의 시스템을 단번에 무너뜨릴 가능성뿐만 아니라, 화폐의 사용에 대한 통제가 이뤄질 수 없다는 점 등이 부정적 측면이 될 것이다. 따라서 향후 리브라에 대한 미국 정부의 태도를 잘 관찰할 필요가 있다.

페이스북에 관심이 있는 투자자라면, 향후 왓츠앱이 어떤 식으로 사업을 펼쳐 나가는지, 그리고 리브라에 대한 미국 정부의 입장이 무엇인지를 명확히 알게 되면 투자에 도움이 될 것이다. 만약 왓츠앱과 리브라에 대한 긍정적 사인이 나오면 주가는 큰 폭으로 상승하리라는 판단이다.

스타벅스 : 새로운 금융+블록체인 기업의 탄생

2018년 8월, 스타벅스는 마이크로소프트와 함께 암호화폐 거래소인 백트(Bakkt)의 설립에 참여한다고 홈페이지를 통해 알렸다. 마이크로소프트는 IT기업으로서 암호화폐 거래와 관련된 기술을 제공한다는 측면에서 이해가 가지만, 스타벅스가 왜 암호화폐 거래소에 참여하는지 의아한 분들이 많을 것이다. 그런데 미국에서 가장 많이 사용되는 모바일 결제 앱이 바로 스타벅스 앱이다. 2018년 5월 기준, 2,340만 명이 스타벅스 앱에 내장된 선불카드를 충전하는 방식으로 커피를 구매한다. 스타벅스 앱은 미국 내 애플페이(2,200만 명), 구글페이(1,110만 명)의 이용자를 넘어선다. 2016년 기준으로 스타벅스가 선불카드와 모바일 앱으로 보유한 현금이 무려 12억 달러(약 1조 4,400억 원)에 이른다. 우리나라에서도 2019년 기준으로 1,000억 원이 스타벅스에 선수금으로 충전되어 있다. 그리고 전 세계적으로는 20억 달러(2조 4,000억 원)가 예치되어 있다. 이 정도면 웬만한 미국 은행의 규모를 넘어선다고 할 수 있다.

스타벅스는 현재 비트코인을 활용해 하나의 앱으로 현지 통화 결제가 가능한 시스템을 개발하고 있는 것으로 알려진다. 전 세계 80개국 3만여 매장에서 확보한 고객을 바탕으로 스타벅스 결제 시스템과 예치금을 블록체인 기술로 통합할 예정이다. 이 시스템이 완성되면 각국의 스타벅스 매장에서 다양한 화폐로도 결제가 이뤄질 것이고 은행들과 제휴를 맺으면 디지털 화폐에 특화된 플랫폼 기업으로 성장할 수 있다. 미국 하버드 대학교에서 발간하는 〈하버드 비즈니스 리뷰〉에서는 스타벅스가 구글, 알리바바와 함께 새로운 은행의 경쟁자가 될 것으로 예측하고 있다.

향후 스타벅스의 암호화폐와 연관된 결제 시스템이 어떻게 발전되는지 주의 깊게 살펴볼 필요가 있다. 만약 스타벅스가 금융 관련 회사로 도약을 한다면 주가는 한 단계 레벨업 될 가능성이 크다. 이제 스타벅스는 단순히 커피만 파는 회사가 아니다.

장기 투자로 만드는
복리의 마법

42번만 접으면 달나라까지

미래학자 최윤식은 《앞으로 3년, 대담한 투자》에서 장기 투자를 해야 복리효과를 누린다고 말한다. 그러면서 국내 굴지의 대기업에서 경력을 쌓은 분의 투자 비법을 소개한다. 이분은 S&P500 지수를 추종하는 ETF를 월급 때마다 사는데, 목표는 S&P의 역사적 평균 수익률인 연 10%다. 젊은 시절 모은 1억 원을 연 10% 수익으로 투자하면 20년 후에는 8억 원이 되고, 매년 8,000만 원의 수익이 나온다. 더 일찍 시작해서 30년간 투자할 수 있다면 약 20억 원이다. 이 복리의 마법을 20~30대는 반드시 기억해야 한다. 결국 투자에서 중요한 것은 종잣돈이 아니라 시간이며, 장기적으로 가치 투자를 해야 한다는 것이다.

특히 젊은 세대들이 마음속에 간직해야 할 말이다. 나도 복리에 대해 머리로 이해는 하고 있었지만, 진짜 의미를 피부로 느낀 시기는 최근이다. 복리가 무엇인지를 제대로 이해한 사람들은 절대로 돈을 함부로 허비할 수가 없다. 이 돈이 10년 후면 얼마, 20년 후면 얼마가 될 것인지를 알고 있는데 어떻게 허투루 써버릴 수 있겠는가? 복리가 얼마나 위대한 결과를 낳는지 복사할 때 많이 사용하는 A4용지로 다시 설명을 해보겠다.

A4용지의 두께는 0.01mm다. A4용지를 1번 접으면 두께가 0.02mm가 되고, 2번 접으면 0.04mm가 되고, 3번 접으면 0.08mm가 된다. 이런 식으로 만약 A4용지를 42번 접으면 어떤 일이 벌어질까? 앞에서 나왔던 복리의 공식을 다시 한번 써보자.

$$A=a(1+r)^n$$

여기서 a=0.01mm이고, r=1이고, n=42이다. 이를 계산하면, A=703,687,441,776mm이다. 즉, A4용지의 두께가 703,687km가 된다. 지구와 달의 거리가 384,400km이므로 A4용지 42번을 접으면 그 두께가 지구에서 달까지의 거리를 넘어선다.

자료 6-8. 안드로메다은하

　만약 A4용지를 91번 접으면 어떤 일이 벌어질까? 우리 은하에서 가장 가까운 은하는 안드로메다은하인데, 그 거리가 230만 광년으로 추측된다. 빛이 230만 년 동안 쉬지 않고 가면 안드로메다은하에 도착한다는 것이다. 1광년은 약 9조 5,000억km다. 만약 A4용지를 91번만 접으면 그 두께가 지구에서 안드로메다에 이른다는 놀라운 결과가 나온다. 이것이 바로 '복리'다. '설마!'라고 생각하는 분은 직접 계산해보기 바란다.

　'복리'는 상상을 초월하는 결과를 가져오기에 아인슈타인은 '복리'를 '세계 8번째 불가사의'라고 했다. 지금의 10만 원이 20년 후에 1억 원이 될 수도 있다는 것이 허황된 이야기가 아니다. 복리는 일찍 시작하기만 하면 누구나 이룰 수 있는 기적이다. 인디언이 1626

년 미국 뉴욕의 맨해튼을 단돈 24달러에 팔았는데, 매년 8%의 복리로 계산하면 지금 350조 달러(약 42경 원)가 되었다는 것은 유명한 이야기다. 복리를 생각할 때마다 나도 다시 젊은 시절로 돌아가서 부자가 되고 싶은 생각이 굴뚝같다. 특히 젊은 독자분들은 복리의 마법을 기억하고, 성장성 있는 주식에 장기 투자하기 바란다. 호주는 직장인이 퇴직하면 퇴직연금으로 죽는 날까지 매달 250만 원 이상이 나온다고 한다. 호주의 퇴직연금은 통상 60% 이상을 주식에 장기 투자해 국민들에게 넉넉한 연금을 평생 제공하는 것이다.

나오는 말

최근 노벨상을 받은 과학자 중 나에게 깊은 인상을 남긴 사람은 나카무라 슈지(なかむらしゅうじ), 캘리포니아 대학교 교수다. 그는 청색LED를 만들어 2014년 노벨물리학상을 받았다. 물리학에 관심이 많은 나는 노벨상을 받은 물리학자들의 논문을 즐겨 읽는다. 물론 논문 자체는 내 수준에 비해 난이도가 높아서 해설서를 주로 읽는다. 그럴 때마다 그들이 정말 천재라고 감탄한다. 특히, 막스 플랑크(Max Planck)의 양자에 대한 논문, 아인슈타인의 빛의 입자성에 대한 논문, 닐스 보어(Niels Bohr)의 양자 원자론, 그리고 하이젠베르크(Heisenberg)의 불확정성 원리, 마지막으로 우주 생성의 원리를 밝히는 힉스입자 등에서 더욱 그런 느낌이 들었다. 힉스입자의 경우 논문에서 영감을 얻어 이를 소재로 한 공상과학 SF영화 시나리오를 쓰고 있을 정도다.

하지만 나카무라 슈지의 '청색 LED'는 천재 과학자들과는 느낌이 좀 다르다. 천재라기보다는 각고의 노력 끝에 얻어낸 결실이라는 생각이 든다. 나카무라 교수는 일본 시코쿠의 한적한 시골에서 태어나 그 지방의 도쿠시마 대학교를 졸업했고, 중소기업에 불과한 니치아화학에 입사했다. 그는 《끝까지 해내는 힘》이라는 자서전에서 스스로 공부를 못했다고 밝힌다. 배구부원이었기에 공부를 할 시간도 없었고, 우등생 반이라고는 하지만, 어쨌든 40명 중에 20등 정도였다고 한다. 하지만 그는 오직 '생각하는 힘'과 '끝까지 해내는 의지'로 노벨 물리학상을 거머쥘 수 있었다. 나만의 생각은 좋든, 나쁘든 독창적인 생각을 낳는다는 것이 그의 지론이다.

그는 초기에는 어떤 제품을 개발할 때 관련 자료부터 찾아봤다고 한다. 누군가 어느 정도 길을 닦아 놓았을지도 모르기 때문이다. 참고가 될 만한 논문이나 자료가 나오면 나 혼자가 아니라는 생각에 힘이 나고 안도감을 느꼈다고 한다. 하지만 그렇게 만들어진 물건은 시장에서 죄다 실패했다. 독창성이 부족했기 때문이다. 그 이후로 그는 태도를 바꿔 자기만의 방법을 찾아 연구에 전념했다. 상식적이라고 인정되던 것도 무시했다. 비상식적인 생각을 가지고 일에 도전하는 것이 획기적인 제품을 만드는 첫걸음이라고도 생각했기 때문이다. 청색 LED는 20세기 안에는 절대 만들어질 수 없는 것으로 여겨지던 고난도 제품이었다. 많은 석학들이 도전했지만 실패했다. 청색 LED는 셀렌화아연(ZnSe)으로 만들 수 있다는 것이 정설이었는데, 그는 엉뚱하게도 질화갈륨(GaN)를 이용했다. 이 때문에 주변 사람들은 '미친 짓'이라고 비웃었지만, 그는 500번이 넘는 시행착오와 불굴의 노력 끝에 모두가 불가능하다고 여겼던 청색 LED 를 제품화 하는 데 성공했다.

내가 나카무라 교수에 대해 언급한 이유는 본인 스스로 생각하고 판단하는 것이 중요하다는 것을 말씀 드리기 위해서다. 그는 자신만의 방식은 끝까지 해내는 과정에서 탄생한다고 했다. 제품 개발과 관련해 말하자면, 묵묵히 하나의 제품을 자신의 손으로 직접 완성하는 동안 자기만의 방법이 생겨난다고 했다. 주식도 마찬가지다. 생각에 생각을 거듭하다 보면 주식을 보는 자기만의 방법을 터득하게 된다. 그런 의미에서 사고 실험이 중요하다는 말씀을 앞에서 드린 것이다.

나카무라 교수는 대기업 연구원들은 필요한 장비가 있으면 기존 제품을 사 오면 되기 때문에 직접 연구 장비를 개조하는 성가신 작업은 하지 않는다고 했다. 오히려 그럴 시간에 차라리 해외 논문이나 자료를 찾는 것이 더 중요하다는 생각을 한다는 것이다. 하지만 이런 자세로는 자신만의 독자적인 노하우를 발견하지 못한다. 제품이든, 무엇이든 자기의 힘으로 완성했을 때 비로소 자신만이 알게 되는 '직감'이 생긴다는 것이다. 개인 투자자들은 스스로 연구를 하기보다는 증권사에서 추천하는 종목이나 방송에 나오는 전문가들의 추천종목을 매수하는 경우가 많다. 자기 혼자 종목을 발굴하면 왠지 틀릴 것 같아 불안하지만, 전문가라는 사람들이 추천해주면 안심이 된다. 이렇게 해서는 주식에서 성공하지 못한다. 주식에 성공하기 위해서는 이익이 나는 종목을 끝까지 물고 늘어져야 한다.

하지만 추천을 받은 경우 자신이 그 종목에 대해 잘 모르기 때문에 조금만 오르면 떨어질 것 같아 불안하고, 그래서 팔아버리게 된다. 공부하지 않은 종목은 5배, 10배의 수익을 낼 수 없다. 확신이 없기 때문이다. 5%, 10% 종목은 아무리 많이 쌓여도 큰 수익으로 연결되지 않는다.

그리고 방송에 나오는 전문가들은 말만 전문가일 뿐 한심한 수준을 보여주는 사람들이 너무 많다. 종목에 대한 공부는 전혀 안 되어 있는 상태에서 차트에만 의존한다. 한번은 어떤 전문가가 앞에서 설명한 '지노믹트리'에 대해 말하는 것을 들었는데, 암진단 키트를 생산하는 회사는 많고 어려운 기술도 아니라고 하는 말에 할 말을 잃었다. 그것도 아주 자신감 넘치는 목소리로 엉터리 멘트를 하는 대담함에 질려버렸다. 방송을 듣는 사람들은 그 말을 그대로 믿을 것 아닌가! 만약 그 기술이 그렇게 쉽다면 엘리자베스 홈즈(Elizabeth Holmes)의 '테라노스' 사기사건[7]이 왜 발생했겠는가?

사람들은 전문가의 말을 너무 잘 믿는 경향이 있다. 권위에 복종하는 식이다. 그래서 스스로의 의견에는 자신이 없고, 전문가라는 사람이 자신의 생각을 확인시켜주면 안심이 된다. 좋든, 나쁘든 자신만의 생각을 가져야 한다.

나는 "플라스틱이 플라스틱이면 플라스틱이 아니다"라는 표현

---

7. 엘리자베스는 피 한 방울이면 수백 가지의 질병 검사를 할 수 있다는 획기적인 진단키트를 발명했다고 주장했지만, 결국 사기로 판명되었다.

을 가끔 쓴다. 내가 지어낸 말이다. 플라스틱의 어원은 그리스어인 'Plastikos'이며, 모양을 변형시킬 수 있다는 의미다. 그래서 '플라스틱 제품이 본래의 어원과 같이 멋대로 모양이 변형되면 플라스틱 제품은 우리가 알고 있는 플라스틱 제품이 될 수 없다'는 것이다. 플라스틱 접시의 모양이 수시로 변형된다면 어떻게 물건을 담을 접시로 사용할 수 있겠는가? 마찬가지로, 주식의 '전문가가 전문가면 전문가로서 가치가 없다.' TV에 나오는 전문가들은 주식으로 돈을 버는 것이 아니고 정보이용료로 돈을 번다고 한다. 3개월에 약 100만 원씩을 받아서, 이를 방송국과 50%씩 나눠 갖는다. 그러면 회원 1인당 1년에 120만 원의 수입이 생기고, 회원이 100명이면 1억 2,000만 원의 수입이 생긴다. 상식적으로, 이른바 전문가들이 주식으로 많은 돈을 번다면 굳이 방송에 나와서 회원가입을 하라는 세일즈를 할 필요가 없을 것이다. 그런 관점에서 TV에 나오는 전문가들이 주식으로 돈을 많이 버는 진짜 전문가라면, TV에 나와서 전문가 행세를 할 필요가 없다는 의미다.

글을 가장 잘 쓰는 철학가로 알려진 쇼펜하우어(Schopenhauer)는 그의 에세이에서 '단지 남에게 배워서 얻은 진리는 우리에게 붙어 있을 뿐, 그것은 마치 의수·의족·의치, 아니면 초로 만든 코, 다른 살을 이용해 성형 수술한 코 같은 것이지만, 스스로 사색해 얻은 진리는 산 수족과 같은 것으로, 그것만이 정말로 우리 자신의 것이다'라고 했다. 스스로 공부하고 생각해 찾아낸 종목이 진짜 자신의 종목이 되고 큰 수익을 준다.

이 책을 마무리하면서 결론을 정리해본다.

첫째, 복리의 효과를 이용하자.
둘째, 스스로 공부하고 생각하고 사색해보자.

1년에 한 종목만 찾으면 되니 불가능한 것도 아니지 않은가? 그 래서 우리 모두 부자가 되자!

참고자료

단행본

강준만(2003).《한국 현대사 산책 1980년대편 2권》. 서울 : 인물과 사상사.

김광석 외(2020).《미래 시나리오 2021》. 서울 : 더퀘스트.

김해수(2007).《아버지의 라디오》. 서울 : 느린걸음.

김한진 외(2019).《빅히트》. 서울 : page 2.

박상하(2014).《이건희》. 서울 : 경영자료사.

브라운스톤(우석)(2019).《부의 인문학》. 서울 : OPENMIND.

신의두뇌(2019).《비트코인 1억 간다 2019》. 서울 : 솔트앤씨드.

정지훈 외(2017).《미래 자동차 모빌리티 혁명》. 서울 : 메디치.

정채진 외(2020).《코로나 투자 전쟁》. 서울 : page2.

최병운(2019).《실패 없는 1등주 실전 주식 투자》. 서울 : 매일경제신문사.

나심 니콜라스 탈레브(2018).《블랙스완》. 서울 : 동녘 사이언스.

마이클 슈만(2010).《더 미러클》. 서울 : 지식의 날개.

벤저민 그레이엄(2007).《현명한 투자자》. 서울 : 국일증권경제연구소.

쇼펜하우어(2009).《쇼펜하우어 수상록》. 서울 : 범우사.

쑹훙빙(2008).《화폐전쟁》. 서울 : 랜덤하우스.

에이드리언 슬라이워츠키(2012).《디맨드》. 서울 : 다산북스.

크리스 카밀로(2012).《주식을 사려면 마트에 가라》. 서울 : 한빛비즈.

토드 부크홀츠(2009).《죽은 경제학자의 살아 있는 아이디어》. 서울 : 김영사.

티머시 빅(2005).《워렌 버핏의 가치투자 전략》. 서울 : 비즈니스북스.

티엔 추오 외(2019). 《구독과 좋아요의 경제학》. 서울 : 부키.
KT경제경영연구소(2019). 《2020 빅 체인지》. 서울 : 한스미디어.

잡지 및 신문

강승태 기자. "전기차 핵심 배터리 경쟁도 치열 / 치킨게임하듯…한·중·일 배터리 '大
　　　　戰'…'주행거리 1000km까지' 新기술에 사활". 《매경이코노미》. 2020. 7.
　　　　23.

김수영 기자. "'IT공룡' 네이버, '유통공룡' 되나". 《노컷뉴스》. 2020. 7. 12.

문일호 기자. "CJ CGV '터키위기' 직격탄… 작년 파생상품 손실 1770억". 《매일경제
　　　　신문》. 2019. 2. 12.

박수호 기자. "카카오페이지 日 거래액 20억 돌파 신기록 – '템빨' 등 100억(매출) 웹
　　　　툰 속속… 이젠 해외로". 《매일경제신문》. 2020. 5. 19.

박지훈 기자. "BTS 방방콘, 107개국 75만여 명이 동시접속". 《국민일보》. 2020. 6. 16.

백봉삼 기자. "네이버, 미국 웹툰 전략거점 삼아 세계 시장 넘본다". 《ZD Net Korea》.
　　　　2020. 5. 28.

성상우 기자. "[Company Watch]밸류2조 카카오페이지, 일본 사업 비중은 얼마".
　　　　《the bel1》. 2020. 6. 19.

　　송유리. "금융회사들이 '스타벅스'를 경계하는 이유". 《한경BUSINESS》. 2020.
　　　　6. 10.

송현주 기자. "지노믹트리, 하반기 본격적인 사업 진척 기대 [키움증권]". 《PAX경제
　　　　TV》. 2020. 6. 17.

안효문 기자. "테슬라 '싸고 오래 가는 배터리 준비 중'". 《조선일보》. 2020. 5. 15.

　　양재준. "이득주 GC녹십자셀 대표 '이뮨셀, 췌장암 치료제로 상용화'". 《한국경
　　　　제TV》. 2020. 5. 19.

　　양철민. "'테슬라 잡아라' 삼성·현대 전기차 동맹 나선다". 《서울경제신문》.
　　　　2020. 7. 16.

　　양태훈. "파운드리 1위 노리는 삼성, 美 투자 나설까". 《ZDNet Korea》. 2020. 7.
　　　　27.

이광수 기자. "지노믹트리, 美 임상 진입 등 여러 모멘텀 앞둬 – 키움". 《이데일리》.
　　　　2020. 6. 17.

이정수 기자. "GC녹십자셀 'CAR–T 임상 성공적… 전 세계 신약경쟁서 앞장'". 《메디
　　　　파나뉴스》. 2020. 5. 19.

이태호 기자. "외국인 들어오자 '低 PER株 투자' 러시…'우물 안' 개미들은 환호했다".

〈한국경제신문〉. 2019. 4. 16.

정윤영, 김지완 기자. "네이버 쇼핑, 이커머스 왕위 굳히나⋯경쟁 치열해진다". 〈뉴스
핌〉. 2020. 7. 9.

정혜연 기자. "'이뮨셀–엘씨' 환자 혈액을 항암제 원료로". 《주간동아》. 2018.
4. 3.

한경닷컴뉴스룸. "'중국판 스타벅스' 비참한 말로⋯루이싱커피 29일 상장폐지".
〈한국경제신문〉. 2020. 6. 27.

한지웅 기자. "삼성바이오로직스 4공장 설립 속도 낸다⋯8월 관계사 입찰 전
망". 《Invest Chosun》. 2020. 7. 27.

황순민 기자. "삼성 vs TSMC, 시스템 반도체 핵심 사업 파운드리 '왕좌의 게
임' 2위 삼성 갈 길 멀지만, 승부는 최첨단 미세공정서". 〈매일경
제신문〉. 2020. 7. 2.

황정수 기자. "삼성SDI '전고체 배터리 2027년 상용화'". 〈한국경제신문〉.
2020. 7. 23.

유튜브

하태민 주식TV(2019). "[하태민의 핵심종목분석 #7] 지노믹트리(228760) : 상대적으
로 너무 싼 주식".

하태민 주식TV(2020). "[하태민의 핵심종목분석 #21] 지노믹트리(228760) : 폐암 검
사시약 확증임상 결과 발표와 의미".

MTN 머니투데이방송(2019). "[네박자 종목] 지노믹트리, 투자 매력은?"

기타

www.genomectree.com

본 책의 내용에 대해 의견이나 질문이 있으면
전화 (02)333-3577, 이메일 dodreamedia@naver.com을 이용해주십시오.
의견을 적극 수렴하겠습니다.

주식 투자로 1,000만 원에서
100억 원 만들기 플랜

제1판 1쇄 | 2020년 11월 15일

지은이 | 천백만(배용국)
펴낸이 | 손희식
펴낸곳 | 한국경제신문 *i*
기획제작 | (주)두드림미디어
책임편집 | 배성분

주소 | 서울특별시 중구 청파로 463
기획출판팀 | 02-333-3577
영업마케팅팀 | 02-3604-595, 583 FAX | 02-3604-599
E-mail | dodreamedia@naver.com
등록 | 제 2-315(1967. 5. 15)

ISBN 978-89-475-4656-0 (03320)

한국경제신문 *i*

재테크 도서 목록

한국경제신문 *i*

재테크 도서 목록

두드림미디어
경제 · 경영, 재테크, 자기계발, 실용서 전문 출판 임프린트

㈜두드림미디어 카페
(https://cafe.naver.com/dodreamedia)

가치 있는 콘텐츠와 사람
꿈꾸던 미래와 현재를 잇는 통로
Tel : 02-333-3577
E-mail : dodreamedia@naver.com